文史哲學集成

傅兆寬著

梅鷟辨偽略說及尚書考異證補

文史哲出版社印行

文史哲學集成 ⑲⑥

梅鷟辨偽略說及尚書考異證補

著者：傅兆寬

出版者：文史哲出版社
登記證字號：行政院新聞局局版臺業字〇七五五號
發行所：文史哲出版社
印刷者：文史哲出版社
臺北市羅斯福路一段七十二巷四號
郵撥〇五一二八八一二彭正雄帳戶
電話：三五一一〇二八

實價新台幣四〇〇元

中華民國七十七年七月初版

梅鷟辨偽略說及尚書考異證補 目次

第一章 緒 論

第一節 學術與辨僞

我國學術，博大而精深，其中考據之學，是一種科學。高仲華先生云：「所謂考據之學，又稱考證之學，是一種求眞象的學術。要考求眞象，必須要有充分的證據，站在客觀的立場，運用科學的方法，來從事於研究。考據之學，是考求文籍眞象的學術，包括研究群書譌誤的校勘學，研究群書眞僞的辨僞學，研究佚書的輯佚學，有了這些學術，書籍纔正確可讀，否則，面對著紛紜雜亂的書籍，學術研究將何從著手？」（註一）由上所述，更可知研究學術與辨僞學皆止於求眞，但研究學術，要運用資料，資料又有眞僞，故須詳加考證。考證即是辨別資料之眞僞，若所根據資料爲假，其所研究的結果，自然亦假，所求得的知識亦誤，因此可知研究學術與辨僞是一體兩面，相輔相成之工作，二者缺一不可。故古今學者，莫不以辨僞爲先務。如黃震黃氏日鈔云：

夫天下之說，有眞有僞，有正有邪。邪者未能洞照，則正者非實得；僞者未能盡絕，則眞者尚雜粹。

此爲黃氏論學說之善惡，固不可不察，而書之眞僞，尤不可不辨。黃氏治學嚴謹，混珠之作，務在棄絕，以防學者陷溺於僞書。故於諸子，必先辨其書之眞僞，繼而論其言之正邪。換言之，即以辨僞書作爲論學之基礎。

梁啓超曾明確指出辨僞是求眞的基礎，爲做學問的根本工作，其云：

無論做那門學問，總須以別僞求眞爲基本工作，因爲所憑藉的資料若屬虛僞，則研究出來的結果當然也隨而虛僞，研究的工作便算白費了，中國舊學，什有九是書本上學問，而中國僞書又極多，所以辨僞書爲整理舊學裏頭很重要的一件事（註二）。

黃雲眉古今僞書考補證爲申姚際恒之說，又云辨僞不僅是讀書第一義，而欲求眞僞各得其用。其序云：

辨僞是讀書第一義，然有不可不注意者，柤梨橘柚，味相反而皆調於口，僞僞而知其所以僞，僞固有眞之用也。辨僞者但欲求眞僞之各得其用，非欲擧僞書而一一踐之踏之，燒之灼之，以盡絕其根株而後快。明乎此而後知辨僞者之非有惡於僞也。…雲眉又從而僞之，求眞而已，非求勝也。眞其所眞，僞其所僞，使眞僞各得其用；…亦所以爲來者闢一讀書之坦途也。

總之，由宋迄今，辨僞書之人多矣。從上所引辨僞學者之例證，研究學術者，僞書不可不辨也，更可知辨僞與學術研究，有不可分之關係。又凡治學者，約可分爲兩大里程。其一、是學習；其二、是研究。學習之目的，就己所需，將世人已有之知識取爲己有，以備應用。研究之旨在創造，即是發現新理論，糾正前人之錯誤等。學習在求得正確之知識，學術研究在獲得正確之結果，二者皆賴於資料，若資料爲假，則所學得固爲假，而學術研究之結論亦屬錯誤。因此，圖書之眞僞，豈可忽視之。又有清一代，學術發達，其因清儒多能以科學之法，來整理我國固有的文化遺產，今究其科學治學方法，則導於明代中期辨僞學，如閻若璩著尚書古文疏證，宣佈僞古文死刑等，因此可知清代學術之興，端賴辨僞學之導引也。

註一：高明中華學術的體系。高明文輯第一輯、頁六三—七九。

註二：中國近三百年學術史，四、辨僞學，頁二四七，臺灣中華書局。

第二節　明代以前疑古文尚書者及辨僞方法

古文尚書之疑，章氏太炎論經史實錄不應無故懷疑云：「劉知幾抱孤墳而作史通，據竹書紀年以疑尚書。」雖然劉氏之說有誤，但疑尚書，則劉氏於唐初已言之。吳汝綸尚書後記亦云：「韓氏退之稱虞夏書亦曰渾渾，於商於周獨取其詰屈聱牙者。詩曰，惟其有之，是以似之，信哉。其徒李漢敍論六藝又曰：「書禮剔其僞，書之僞，蓋自此發。」蓋劉氏知幾、韓氏愈等皆疑古文尚書，但未涉及經文，然其言亦未成說，更未蔚成辨僞疑經之風，逮趙宋，疑經之風，才正式形成。但古文尙書二十五篇眞僞之辨，至南宋吳棫始疑之，朱熹助之，申論其說者有蔡沈，趙汝談，陳振孫等，至元代有熊朋來、趙孟頫、王充耕諸儒力攻其僞，然迄明梅鷟著尙書考異一書，專攻二十五篇之僞，至清閻若璩尙書古文疏證、惠棟尙書古文考出，而僞古文遂成定讞。

宋元諸儒疑古文二十五篇之僞，其論證辨僞略可分爲兩類：

甲、據情理辨僞：

大凡僞託附會者，因其事非出於事實，多爲牽強不合情理者。疑古文尙書者若能據情理，就可辨別眞僞。如吳棫所說「四代之書，作者不一，乃至二人之手，遂定爲二體乎？」朱熹所說「孔壁所出尙書皆平易，伏生所傳皆難讀，如何伏生偏記得難底，至于易底，全記不得。」蔡沈所說「泰誓，武成一篇之中，似非盡於一人之口，豈獨此爲全書乎？」晁公武所說「是以鄭康成注禮記：趙岐註孟子遇引尙書所有之文，皆曰逸書，蓋未嘗見古文故也。」洪邁所說「曰周王發，皆紂尙在位之辭。」陳振孫所說「凡杜征南以前所注經傳，有援大禹謨，皆云逸書。」吳澄所說「千年古書，最晚乃出，而字畫略無脫誤，文勢略無齟齬，不亦大可疑乎？」熊朋來所說「凡漢儒注經指爲逸書，遂有其書。」王充耕所說「皇天無親，終以困窮，一段絕與太甲篇相出入。」黃鎭成所說「寥寥數百載間，乃至東晉而後孔氏之書始出，其間混殽眞僞所不暇論。」等諸儒皆屬據情理而疑古文者也。

乙、據文體辨僞：

歷代文體有別，則三代有三代之文，兩漢有兩漢之文，魏晉以來，文體益變，此深於文學之流變者見而識知。如吳棫所說「安國所增多之書，皆文從字順，非若伏生之書詰屈聱牙。」朱熹所說「則今文多艱澁，而古文反平易。」洪邁所說「大禹三十七篇，云傳言禹所作，其文似後世語。」吳澄所說「伏氏書雖艱盡通，然辭義古奧，其爲上古之書無疑。梅賾所增二十五篇，平緩卑弱，殊不類先漢以前之文。」王充耕所說「禹謨一篇雜亂；今皆混而爲一名之曰謨，殊與餘篇體製不類。」等諸儒皆屬據文體而疑古文者也。然據情理與文體辨僞，皆爲主觀之說，雖然能辨別眞僞，但是方法未臻，則使崇信古文者，尙有論辨之辭，迄明梅氏鷟始用科學方法考證之，講求客觀之論證，而棄主觀之感覺，故云用蒐集證據，以證明古文尙書爲僞作，實以梅氏鷟爲先導也。

第二章　梅鷟辨僞略說

第一節　梅鷟生平及著作

一、生平

梅氏鷟字鳴岐，號平埜，別號致齋，明旌德人，清屬安徽寧國府。明武宗正德八年，癸酉科舉人。明嘉靖初年梅氏官南京國子監助教，六堂助教八品。嘉靖二十二年升通判無定員六品，歷官至雲南白塩井提舉（見明史職官志二）。

二、著作

梅氏皓首窮經，精研古義，著有周易集瑩，古易考原，讀易記，尙書譜，尙書集瑩，尙書考正，尙書辨正，尙書考異，讀詩記，詩經集瑩，春秋指要，讀春秋記，儀禮翼經等書，惜日久版本廢傳世者少（見明史職官志二）。今謹將梅氏著作簡述如下：

㈠尙書考異

梅氏尙書學，惟尙書考異，四庫全書著錄，尙書譜四庫僅存目。四庫全書總目提要云：

尙書譜五卷，明梅鷟撰，鷟因宋吳棫，朱子及元吳澄之說，作尙書考異，及此書，考異引據頗精核，……故錄其考異。

㈡南監書目

明國子監藏書極富，並設圖書之官，負責藏書之事。歷代正史至明始全刊成，即今所謂南監本者也。南監書目，流傳至今，爲目錄家所必考，南廱志云：

金陵新志所載，集慶路儒學史書梓數，正與今同，……至成化初祭酒王與會計諸書亡數，已逾二萬篇，……今委助教梅鷟盤校，分有九類，鷟以己見附焉。一曰制書類、二曰經類、三曰子類、四曰史類，五曰文集類（註一）。

㈢明南雍經籍考

南雍志經籍考二卷，松鄰叢書甲編，觀古堂彙刻書第一集，郋園全書第八二册均收載，幷云明梅鷟撰或編。清葉德輝重刻明南雍經籍考敍云：

明南雍志中經籍考二卷，……書中司編校者爲梅鷟。

㈣南雍志

南雍志，明黃佐撰，然編撰此志者，非黃氏自爲之，是明南京國子監屬官多參助編撰工作，梅氏鷟亦爲編撰者之一，故黃氏佐南雍志序云：

帝其訓者乎，會得故祭酒崔文敏公遺牘于坌蠹中；乃與監丞趙子恒，博士王子製，周子瑞，助教梅子鷟緒成之，爲事紀四，職官表二，雜考十有二，列傳六，凡二十四卷。

註一：南雍志經籍考下篇，梓刻本末，頁一—四。

第二節　撰述之時代背景及動機

一、時代背景

梅氏鷟撰述尚書考異之時，胡氏適治學的方法與材料云：「當梅鷟的古文尚書考異成書之時，正當哥白尼的天文革命大著出世（一五四三）之時。」但明韓邦奇書寫尚書考異記云：「正德乙亥六月中旬，苑洛子韓邦奇書。」（註二）正德乙亥即是正德十年（一五一五），據韓氏書尚書考異時較胡氏之說早二十八年，然韓氏與梅氏同時人，故韓氏之說可從。

明代中期，程朱之學，已不能籠罩思想界，於是異說興起，故顧氏炎武云：

正德末異說者起，以利誘後生，使從其學，毀儒先詁傳注，殆不啻弁髦矣，由是學者倀倀然，莫知所從，欲從其舊說，則恐或主新說，從其新說，則又不忍遽棄傳注也，已不能自必況於人乎！…學無定論，則游夏不能二，欲道德一，風俗同，其必自大人不倡言也（註二）。

明初太學規制甚爲周詳，以太學爲唯一儲才之所，其學規嚴，師位尊貴，故人才輩出，然至明中期之後，制度廢，國學變而衰，誠如明史選擧志云：

迨開納粟之例，則流品漸淆，且庶民亦得援生員之例以入監，謂之民生，亦謂之俊秀…嘉靖中南北國學皆空虛，…於是生員歲貢之外，不得不頻擧選貢，以充國學（明史卷六十九、頁七一八）。

明代太學經此二變，而有志研究學術之士，遂承宋、元書院講學之遺風，創立書院文社等以講學，則國學衰矣，故錢氏穆云：

南宋以來，書院講學之風尤盛，然所講皆淵源伊洛，別標新義，與朝廷功令漢唐注疏之說不同，及元仁宗皇慶中定制，改遵朱氏章句集注。明承元舊，又編五經、四書、性理大全，然後往者書院私人之講章，懸爲朝廷一代之令甲，亦猶夫熙寧之三經矣。功利所在，學者爭趨，而書院講學之風亦衰（註三）。

二、撰述動機

明代學者墨守程朱之說，固出于科擧及受三大全之影響，其後正德年間異說起，國學勢微，書院講學興起，又多與程朱相背馳也，實非科擧及三大全所預期也。又自明中期之後，講學之風，趨向異端，高談性命，束書不觀，學者成爲學究，皆無根之徒，故梅氏鷟，時責怪說，斥怪徒，撰述尙書考異，在正不經之說，除經學之蔽，重光聖經，誠如孫氏星衍尙書考異序云：「明人性靈爲學業，所汨一代，通經之士甚少，惟以詞章傳世，如梅氏之守經據古，有功聖學，足稱一代名儒。」今就梅氏於撰述考異時，曾慨切直述其動機，其言詳實而明快，如梅氏尙書考異原序云：

尙書二十八篇，幷序一篇，共二十九篇，秦博士伏生所傳，乃聖經之本眞也。…至東晉時善爲模倣竊竊之士，見其以訛見疑于世，遂蒐括群書，掇拾嘉言，裝綴編排，日鍛月鍊，會粹成書，必求無一字之不本于古語，無一字言之不當于人心，無一篇之不可垂訓誡，凡爲書者二十五篇，雖英材間氣，亦尊信服膺之不暇矣，然不知自明者視之，則如泥中之鬬獸，蹤跡顯然，卒亦莫之掩也。…此東晉假孔安國之僞書，其顚末大略如此，愚每讀書至此，未嘗不嘆息，痛恨于先儒也，夫所貴乎儒者之釋經，在能除聖經之蔽翳，使秕稗不得雜嘉穀，魚目不得混明珠，華丹不得以亂窈窕焉耳，今反崇信僞書，以囚奴正經，予畏聖人之言，故不得不是而正之，特作考異，使學者渙然知蔽塞之由，然後知余之恢復聖經，蓋有不得已焉，而非苟爲好辨者也。

梅氏鷟認爲伏生經傳二十八篇，序一篇，共計二十九篇，是聖經之正也，二十五篇之僞，自朱熹言古文東晉時始出，至元吳氏澄書纂言，僅有此二人，故梅氏爲表彰聖經之忠臣，又爲師承吳氏澄之志，則撰寫考異一書，以闡揚吳氏之旨。誠如梅氏讀書譜自序云：

朱子曰古文東晉時始出，前此諸儒皆未之見，豈不痛切而明快哉，無而爲有，將以誰欺，安國不言，史記不載，使聖人正經，反誣僞書以行也。…自吳先生纂言之外，曾無一人爲聖經之忠臣義士者，豈不痛哉？予在嚴陵時，已作此譜，草創未備，今加修飾，庶幾纂言之所未備，以承吳先生之志云（註四）。

註一：明韓邦奇尚書考異題記，故宮善本，頁二八七，藍格舊鈔本，五卷二册。
註二：日知錄，卷十八藝文，頁六一，上海錦章圖書局版。
註三：中國近三百年學術史，第一章引論，頁七，台灣商務印書館版。
註四：四庫要籍序跋大全，經部丁輯，頁九二九，國華出版社。

第三節　尚書考異之體制

尚書考異孫氏星衍序云：「明梅氏鷟創爲考異，就僞書本文，究其捃摭錯誤之處，條擧件繫，加總論於前，存舊文於後。」孫氏言考異之體例，其言確而略，今僅就我研究考異所得，分述如下：

一、考異仿朱子雜學辨例，摘錄原文，逐條分別辨正於下。

二、考異撰述之體例，可分為四種方式，每種自為方式，其方式如下：

㈠總論：據史書總論二十五篇之僞，首列所據原書書名，低兩格為一條，另起一行，頂格寫所據引原書之本文，略去作者姓名，又在同行中，僅低一格，以「今按」或「鷟按」方式申論已見。

㈡孔安國尚書序：在辨說前，略加論說，然後孔序一行降兩格寫之，并摘錄孔序原句一句為一行，又另起一行，頂格寫自著駁語，以「今按」或因句辨之文起之，如：「旁求」、「上文」、「晉人」，「史記」之文句發之，逐句一一辨駁之。

㈢二十五篇：每篇每條辨證，每篇前，略加論說，篇名亦降兩格寫之，又另一行起頂格，申論自辨語，其後逐次摘錄篇中之句或段，一一條駁之，其方式與㈡條同，於此省略。

㈣伏生二十九篇考：與上述有別，總論每行皆降兩格寫之，每篇篇名以頂格方式書寫，考證篇中之句降一格寫之，自著考證之句，另起一行，每行皆降兩格寫之。

上述之方式，為明中期著者之習尚，誠如方氏東樹云：

甘泉湛氏楊子折衷低一格，寫慈湖語，頂格寫自著駁語，此時俗誤，沿場屋低一格寫題目式，概以低二格，寫題之謬，固是小失，今錄諸家原文頂格寫，自然辨說低一格寫（註一）。

三、自著駁語，凡引經、史、子等書之文，以伏生二十九篇列為首，其次引經、史、子先後不一，無一定之例可從。

四、引易經、詩經之文句，作爲駁語，僅云：「易曰」、「詩曰」，省略篇名。

五、引左傳之文，其方式又不一，如云：「左傳曰」、「某公某曰」、「某年」等。

六、引三禮之文，又爲例不一，引體記之文，多云篇名，而不云禮記某篇。引儀禮、周禮多云：「儀禮」、「周禮」，而不云「某禮某篇」。

七、引論語之文，其方式又不同，如云：「孔子曰」、「論語曰」、或云：「子路曰」、「子夏曰」等。

八、引老子、孟子之文，則「老子曰」、「孟子曰」，略其篇名。然引荀子之文，引淮南子之文，書名篇名全引。

註一：漢學商兌序例，頁一六，台北廣文書局。

第四節　尚書考異之內容

尚書考異，據四庫全書本，明人韓邦奇手抄本後記皆云五卷，今據天津叢書本分爲六卷，約可分爲三大類。第一類是總論，第二類是分論，專爲辨僞之作，第三類是考證二十九篇，非辨僞之作。特將考異全書，按分卷內容，分類內容，分述如下：

一、考異分卷內容

卷一：總論尚書考異辨僞之理論，根據、方法以爲辨僞之準則，謹簡述如下：

㈠引史記、漢書、後漢書辨僞。

㈡評隋史經籍志之失。

㈢論伏生二十八篇爲經、一篇爲序，計二十九篇。

㈣論伏生尚書大傳。

㈤總論二十五篇之僞。

㈥論古文尚書十三卷。

㈦據朱子語錄證僞，小序非孔子作，以爲先秦戰國時講師所作。

㈧論孔安國尚書十三卷，東晉之古文，杜撰人爲皇甫謐。

㈨論孔安國尚書序之僞。

㈩論舜典及曰若稽古二十八字之非。

⑪明韓邦奇手抄本，四庫全書本皆有梅氏鷟尚書考異序，以明其撰寫考異之動機。

卷二：自此卷至卷五，係分篇論辨二十五篇之僞，此卷專辨夏書計有大禹謨、五子之歌，允征等三篇之僞。

卷三：此卷專辨商書計有仲虺之誥、湯誥、伊訓、太甲（三篇）、咸有一德、說命（三篇）等十篇之僞。

卷四：此卷專辨周書計有泰誓（三篇）、武成、旅獒、微子之命、蔡仲之命等七篇之僞。

卷五：此卷亦專辨周書計有周官、君陳、畢命、君牙、冏命等五篇之僞。

卷六：伏生所傳尚書二十九篇，多爲晉人所改，故梅氏考而證之，以復聖人之經。此卷之內容略可分爲二：

㈠考證二十九篇，刪除晉人所改者，以復聖人之經。

㈡考證小序兼證孔傳之僞。

二、尚書考異分類內容

前所分三大類，僅就卷數言之，若更爲詳析之，可以釐分七類，亦可視考異一書內容提要之敍述，其要如下：

第一類：總論晚出古文尚書是僞書。

梅氏鷟辨論晚出古文尚書之僞，分爲總辨二十五篇之僞，及分論各篇之僞，此類僅就考異總論二十五篇之僞，依梅氏旨意定其歸屬，是類論辨如下：

㈠言伏生書二十九篇，史記儒林傳言之，太史公當武帝時，僞說未滋，故其言多可信。
㈡范蔚宗述伏生書及安國古文書傳授顚末可尋，使人知二十五篇，非安國所傳之本。
㈢伏生二十九篇之經，乃幷序言之，而非以僞泰誓言之。
㈣二十五篇之僞，吳氏（棫）、朱子、吳先生（澄）三大儒洞燭眞僞，無所因襲之見。
㈤古文尚書十三卷，乃晉人假安國之自稱，朱子曰孔書是東晉方出。
㈥古文者除禹謨一篇之外，餘自五子之歌而下，如出一律，間有或異者，不過改易增挽，略加潤色，即爲一篇耳。

第二類：辨孔安國尚書序（大序）之僞，其論證如下：
㈠春秋時三墳、五典、八索、九丘之書，若有存備者，孔子亦不應悉刪之。
㈡史、漢皆云秦焚書，伏生壁藏之，則今文二十九篇，正伏生壁藏之本經，非亡其本經。
㈢太史公親受業於孔安國，何故不載共王壞宅，與巫蠱事與經術道塞之事。
㈣孔序凡五十九篇，爲四十六卷，四十六卷一句，僞者欲求合漢書以取信後人之意。
㈤以今文考定二十五篇，字字句句無一脫誤，今於四十篇之書，曾不能考定，又於左、國、孟、荀、禮記諸書皆被二十五篇、蒐尋殆盡，又何故耶？
㈥至東晉而古文孔傳始出，至蕭梁而始備，豈無附會，故大序不類西京，小序事謬經文，並上誣孔子。

㈦史記言孔氏有古文尙書、安國以今文讀之，逸書得十餘篇，而未云二十五篇，漢書始言安國獻之，未言承詔作傳，劉歆移太常云古文尙書十六篇，史遷所未載者，此妄言，承詔作傳、亦忘說。

第三類：據古籍引用尙書語，辨證古文各篇之僞，其論說如下：

㈠天之曆數在汝躬，係堯曰：咨爾舜，天之曆數在爾躬。舜亦以命禹者若此，何爲復增之。

㈡言禹謨：於帝念哉，勸之以九歌，俾勿壞。見左文公七年引夏書止曰「戒之用休」，而無上文一段。

㈢晉人竊取淮南子之寓言，創爲征苗之誓，然考堯典、臯陶謨、禹貢、呂刑則知惑世，而誣聖也。

㈣尙書序與五子之歌本序異，尙書序與離騷、左傳皆合，本序皆竊取左傳之文，故小序猶可信，而古文全易無當。

㈤五子之歌，其三、用左傳哀公六年引夏書之文。

㈥漢志據三統歷即書伊訓篇，其所引書辭有序，皆與僞孔氏伊訓篇，語意不合。

㈦古文用漢書甲子昧爽句，顏師古曰：今文尙書之辭。

㈧祝佗之言，得當時之事實，僞書者因金縢之言，而不考之，又不參之以大誥、及詩東山、破斧之篇，而失之。

上述各條，皆是用古書引用尙書之文句，校之以晚書古文各篇，即可看出其僞之跡，其餘略。

第四類：妄說妄言及誤解者，簡述如下：

㈠呂氏春秋云：商有五世之廟。按禮祖有功宗有德，漢書韋賢曰：「天子七廟。」然周公爲無逸之戒，舉殷三宗以勸成王，後有三宗之說。

㈡誤解荀子君子篇以族論罪，荀子本借紂以明此語，匪謂紂即官人，以世者也。

㈢按萇宏之言，正因泰誓同心同德之言，故言同德者，則能度義，作古文者，并萇宏之所自言，亦略以爲經。

㈣湯誓曰：「今朕必往。」入泰誓。

㈤大統未集者，歐陽修知中間不再改元，爲注家之非，而不知誕膺天命，惟九年乃武成古文之非也。

㈥馬融云：「獒」作「豪」，鄭玄云：「讀曰豪」，西戎無君，…見于周也。孔穎達譏之曰：「良由不見古文妄爲此說。」

㈦蔡仲之命及此篇（周官），皆惟周公發端，又曰巡狩侯甸者，此妄說也。

㈧古文改宗伯之統，百官入冢宰，宗伯以下，方皆言百官，晉人不知精微之義，誠妄改也。

㈨鄭康成云君陳周公之子，果如此言，則君陳以子繼周公之後，畢公以叔父，繼君陳之後，其序紊矣。

第五類：從古書中蹈襲而成者，謹摘錄如下：

㈠「允執厥中」一句，信爲聖人之言，其三言，蓋出荀子而鈔略掇拾，膠粘而假合之者也。

㈡晉書袁宏三國名臣贊云：「玉石碎」，又劉琨傳云：「火炎崑岡」，可見是晉人語。

㈢仲虺之誥云：「爾有善，無以爾萬方」，上文既以國語間之，此復用論語之文。

㈣泰誓上：惟天地…元后作民父母，此一節全出漢書劉陶傳上疏。

㈤周官此篇因周禮一書。

㈥君陳、畢命二篇，乃因多士、多方篇。

㈦畢命「茲殷庶士節」，因周公有誥，因多士之篇。

以上僅就梅氏所云因、見，蹈襲某書者，而摘錄其要者，但梅氏皆逐篇逐條，考辨晚出古文其因襲之出處，故此類亦是考異之特色。

第六類：評史書、傳注之失，謹簡摘錄如下：

㈠評隋經籍志。

㈡評伏生大傳。

㈢評孔安國尚書注。

㈣證補朱子語錄。

第七類：證孔傳之僞。

㈠鄭玄云：「三監管、蔡、霍也」。晉人傳云：「管、蔡、商也」。蓋見大誥一篇，專爲殷小腆，而誥改之。如此非晉人之僞傳而何。

㈡朱子嘗曰：漢儒釋經之例多曰未詳，有曰未聞，而孔安國句句要解過，獨與漢儒異。

以上七類，考異之旨，可謂包舉無遺，亦可說前無古人之作，故梅氏爲清代考據學之先導也。

第五節　梅鷟辨僞之根據

梅氏鷟尚書考異，其旨在辨古文二十五篇之僞，梅氏之辨證，曲證旁通，具有根據，今就梅氏辨僞之根據，謹分述如下：

一、根據伏生之本經辨僞

梅氏以爲伏生書獨得其本眞，故其辨僞，首先根據秦博士伏生壁藏尚書二十八篇，即今文二十八答，以辨古文二十五篇之僞。誠如梅氏尚書考異云：

或曰：子之攻詰古文，不遺餘力矣，其亦有所據乎？自魏晉以來，明智之士，不可枚舉，悉皆信古文，而伏生書反附麗以行，至子之身，而深距之，若無所據，則不免於侮聖言者矣，子獨且奈何哉，應之曰，若無所據，而妄爲之說，小子何取，吾所據者，匪從天降，匪從地出，即以伏生之本經，而發僞書之墨守也，不然則晉人之僞也，反爲膏肓沈痼之疾，而伏生所傳者，聖人之本經，反爲千載之廢疾矣，予之汲汲於攻之者，將以針膏肓而起廢疾耳，予豈好辯哉，予不得已也。

梅氏攻詰古文，以伏生之本經爲據，力攻古文之僞，如辨大禹謨之僞，曾據堯典。臯陶謨、禹貢、呂刑等篇分別論辨大禹謨之僞，證據確實可信也。

二、根據先秦典籍引尚書辨僞

今欲知唐堯虞舜之言，夏、商、周三代之事，以及上古之民風世俗，典章制度蓋舍尚書而莫由。惟尚書傳至今，歷經兩千餘年，其間屢遭離厄，今所見尚書，已非先秦之舊，篇多亡佚，文多改異，漢儒謂書有百篇，今考先秦典籍所引書，僅堯典等四十五篇，則百篇之目，疑信參半（註一）。自東晉古文出，抑且眞僞雜陳，以考唐虞三代之事，莫不舛譌者少矣。是以溯書之源，還書之舊，當爲首要之務。先秦舊籍多稱引尚書，其書在秦火之前，其間怎有後世僞亂之處？且所引尚書，近古可信，今欲探討尚書之本源，明後世竄亂之迹，還書之舊，則考乎先秦典籍所引尚書，並以校漢人所見尚書，以及今所傳尚書之同異，當爲辨僞之正途。近人金兆梓著今文尚書續論，就據墨子、左傳、國語、孟子、荀子、韓非子、呂氏春秋等書引書稱擧之例，以考書名義之演變。方書林著漢以前的尚書，就漢以前各書所引尚書逸文及尚書說，以考漢以前尚書與漢所見尚書之異同。又如陳夢家著尚書通論中先秦引書篇，就先秦典籍所引書，以考書名義之演變，書之編集，凡此諸作，皆有助於原書之復舊，即可辨古文尚書之僞也。

然而根據先秦典籍所引尚書，以考辨東晉僞古文襲取先秦尚書之迹者，則僅先見於明代梅氏鷟所著尚書考異。梅氏雖未明言排比異同，但就先秦典籍引書，與東晉僞古文二十五篇對照察其同異，以辨論晚書之僞，其法仍爲今人所師法，可見梅氏辨僞根據正確可行。今謹就考異根據先秦典籍引書辨僞者，簡述如下：

㈠根據孟子引書辨舜典，如考異二云：

孟子引堯典曰：「二十有八載，放勳乃徂落」孟子生距孔子未遠，思、曾又適傳，豈孔子所傳尚書顧脫舜典二字，必俟秦火之餘，數百年後，土壁所藏之本，然後增此二字邪？

㈡根據左傳引書辨大禹謨之僞，如考異二云：

左傳哀公六年，夏書曰：「惟彼陶唐，帥彼天常，有此冀方，今失其行，亂其紀綱，乃滅而亡。」此語今以五子之歌第三章，但歌中無「帥彼天常」一句，下亦微異，杜預註爲逸書。

㈢根據論語，荀子引書辨大禹謨之僞，如考異二云：

「允執厥中」，堯之言也，見論語：信爲聖人之言，其餘三言，蓋出荀子。

㈣根據春秋、國語、孟子、荀子、禮記引書辨泰誓之僞如考異四云：

馬融書序曰：泰誓後得，按其文似若淺露。又春秋引泰誓曰民之所欲，天必從之。國語引泰誓曰：朕夢協朕卜，襲于休祥，戎商必克。孟子引泰誓曰：我武惟揚：于湯有光。孫卿引泰誓曰：獨夫受。禮記引泰誓曰：予克受，非予武：今泰誓，皆無此語。

三、根據史記、漢書涉及尙書者辨僞

梅氏根據史漢辨僞，史漢同載當可信從，史漢異者從史棄漢，史未載獨見漢者，則未可從依之。

㈠根據史記辨證伏書二十九篇爲眞，如考異一云：

今按太史公當武帝時僞說未滋，故其言多可信，如云伏生書出於壁藏獨得二十九篇，又云即以教於齊魯之間，山東大師，無不涉尙書以教，歷歷皆可信。

㈡根據史記、漢書辨孔序之僞，如考異一云：

史記、漢書皆云即以教於齊魯之間，……史漢書皆云伏生爲秦博士，以秦時焚書，伏生壁藏之，漢定求其書亡數十篇，獨得二十九篇，則今文二十九篇者，正伏生壁藏之本經也。

四、根據魏晉以後學者辨僞

梅氏尙書考異之辨僞，於唐代則師承徐廣、司馬貞，於宋代則師承吳棫、朱子，於元代則師承吳澄、王耕野，以證二十五篇之僞，其說雖根據前代儒者之說，但前人草創未備，而梅氏辨而有徵，故曰梅氏爲明代中期考據學之首，亦爲清代考據學之先導，今僅就考異辨僞者，擧證如下：

㈠根據唐司馬貞辨咸有一德之僞，如考異三云：

史記伊尹作咸有一德，咎單作明居皆在湯崩之先，司馬貞曰：尙書伊尹作咸有一德，在太甲時，太史公記之於斯謂成湯之日，其言又失次序。

㈡根據朱子辨孔書出於東晉，如考異一云：

朱子曰：「孔書是東晉出，前此諸儒，皆不曾見，……邁特之見，豈鼠肝蛙腹者，所能及也耶」。

㈢根據元吳澄辨二十五篇之僞，如考異二云：

鷟按吳氏、朱子、吳先生三大儒之論如此，凡皆迴出常情，洞燭眞僞，無所因襲之見，此所以爲豪傑聖賢也。

㈣根據元金履祥辨僞，如考異一云：

柳貫作仁山金氏行狀，載其所作尙書表注序云：孔氏之壁藏復露，……至東晉而古文孔傳始出，至蕭梁而始備，但其出後經師私相傳授，其間無傳說附會。

㈤根據元王耕野辨大禹謨之僞，如考異二云：

耕野王先生曰：禹謨一篇，殊與餘篇體製不類，又說者，其征苗之事，亦不可信，今按征苗一段，雖爲篇長句多而設，然亦宜見此人之薈萃諸書，蹈襲而成文。

註一：許錟輝先秦典籍引尙書考提要，中國文化學院中研所木鐸第三、四期合刊，頁九一。

第六節 梅鷟辨僞之方法

一、概述

考據之學，是一求眞求是，無徵不信的科學，我國考據之學，一爲校勘、二爲訓詁、三爲辨僞。其中尤以辨僞學爲治學者之先務。若治學而不知書之眞僞，則其校勘，訓釋，亦徒勞而無功，事亦無所依據，何可得實。學者欲使己說立於不敗之地，莫不先以審訂史料之眞僞爲本。

清代學術興盛，究其因由，則導源於考據之辨僞學，故清代學術極爲發達，因爲一般學者大都能用科學方法去整理古書，這種科學精神，就是從辨僞引導而來，故梁氏啓超清代學術概論云：

閻若璩之所以偉大，在其尙書古文疏證，…尙書疏證，專辨東晉晚出之古文尙書十六篇及同時出現之孔安國尙書傳皆爲僞書也，此書之僞，自宋朱熹、元吳澄以來，旣有疑之者，顧雖積疑，然有所憚而莫敢斷，自若璩此書出讞乃定。

古文尙書二十五篇之僞雖然至清閻若璩而始定讞，但閻氏乃本宋、元、明學者之說，尤倣用梅氏鷟之辨僞法，故清朱氏琳重刻尙書考異跋語云：

按疑古文者，始于朱子，元草廬吳氏因撰書纂言謂古文爲東晉晚出之書，故注今文，而不注古文，先生則力辨其僞，曲證旁通，具有根據，後儒閻百詩古文尚書疏證，惠定宇古文尚書考，其門徑皆自先生開之，陽湖孫淵如爲之校刊，稱其有功聖學，爲前明一代巨儒，信不誣也。

近人胡氏適治學方法與材料云：

梅鷟是正德癸酉舉人，著有古文尚書考異，處處由證據來證明僞古文尚書的娘家。這個方法到了閻若璩的手裏，運用更精熟了，搜羅也更豐富了，遂成爲尚書古文疏證，遂定了僞古文的鐵案。

從以上所引論，可知清代經史考據之學，則導於明中期。閻氏古文尚書疏證雖爲清初考據之最大著作之一，但其書與梅氏尚書考異所用考據辨僞方法相同。固然閻氏僅云讀閱梅氏尚書譜，未言及尚書考異，但梅氏爲明正德年間人，閻氏爲清初之人，故閻氏古文尚書疏證後出，則無梅氏師閻氏之理，而閻氏師法梅氏是理所當然。

今日凡學者論辨僞古文尚書，或言清代之考據學，皆以閻若璩爲首，而言梅鷟者少矣。蓋先賢治學之法，爲後學取法而不知，並誤認先賢有功聖經之學，爲後儒之功，故本文旨在表彰梅氏辨僞學，且爲閻氏尚書古文疏證之先導，亦爲有清一代經史考據學之濫觴，故戴氏君仁云：

從宋代起，便有人懷疑古文尚書了，一直到明代的梅鷟，才從古書上蒐集證據，來證明古文尚書的作僞。到了清代，閻若璩、惠棟二人的書出，而古文尚書的作僞似已成爲定論。現在的人談到僞古文尚書的，都首先想到閻若璩，而很少能夠記起梅鷟的，這好像談周秦古音的人，都首先想起顧炎武而很少提到陳第的。學問的事情，自然是後來居上，但開創的功績，決不是踵事增華所可比擬的，閻、惠二氏，固然精審，但梅氏做這個「小心求證」的工作，在學術思想史上的意義，實在很大。我現在講梅鷟和古文尚書的故事，不僅是要表彰先哲，實在是要使人覺得蒐集證據工作的重要（註一）。

二、辨僞方法

宋、元疑古文尚書者，其辨僞方法，簡言之，就是「據理推論」、「依文觀察」。據理、依文兩種方法皆爲主觀之說，縱然看得準確，崇信古文者，尙有辨護之說辭，所以能用蒐集證據，以辨證古文尚書爲僞作，應首推梅氏爲先導。今僅就梅氏尙書考異分析之，梅氏所用辨僞之法，簡言之就是「考據」之法，亦可謂是「實證」之法，也可謂是「科學」之法。梅氏未曾明言其辨僞之法，僅就研析考異所得，歸納其通則，條列於後，以表彰梅氏辨僞學之法，亦可知梅氏對考據學之貢獻。

㈠以史志書目辨僞

典籍流傳，歷代史志，皆有著錄，故書之流傳亡佚，均可查考，辨僞者以史志書，可見書之眞僞。如考異一據史記、漢書辨晚書之僞，首證漢古文十六篇與古文二十五篇之異，次證二十五篇出於東晉。故云梅氏以史志書目辨僞確實合乎科學之法。

㈡以篇次之編排辨僞

古文尚書之篇次卷數，漢儒均所論列，如篇數若干，亦有解說，其亦有逸而不存者。蓋僞作者，既知前書之篇數卷數，以求其書於先儒之說，惜忘其逸者不在內，強爲附會，以其篇數編排校之，即顯其僞，此辨僞之法，亦是梁氏啓超云：「從前志著錄，後志已佚，而定其僞，或可疑。」（註二）如考異一云：

今按藝文志所以言所以疏，史記儒林傳之言，見百篇之書，共序爲百一篇，亡失者七十有二篇，止求得二十九篇，二十九篇之內，二十八篇爲尙書經，而一篇爲序，其言明甚。

㈢以篇數篇名辨僞

古代典籍雖亡，但其篇數之記載，亦有散見於他人之書中。作僞者窮徵博引，百密而必有一疏，故檢前人所載之篇數篇名考之，其僞可見。如考異一即據史記儒林傳、漢書藝文志以辨證今本和舊志所說的卷數篇數不同，而定其僞，或可疑。

㈣以史例辨僞

史各有例，不必盡同也，如尙書之例不必同於春秋，猶春秋之例不可同於漢書。作僞者因昧於史例各有不同，故其剽竊舊文，往往書法乖謬雜陳，故以史例質之，其僞可見。如考異一據漢志律曆志辨伊訓之僞。

㈤以古人撰書義例辨僞

古人徵引典籍文句，下多爲釋書之辭，此亦前人之義例也。惟僞作者，因采集剝拾他書，又不辨古人文字有議論夾叙事之體例，遂以他書釋書之辭，而竄入於經文，故以古人之撰書之義例證之，則爲千古笑柄。考異二辨大禹謨云：

左傳文六年，郤缺言於宣子引夏書止曰：戒之用休，董之用威，…但其下釋之曰，九功之德，

今按此章，果有如上文數語，則郤缺不訓釋於下，觀郤缺訓於下，則上文決無此長語。

㈥以古人行文之慣例辨僞

按古人行文，常援用前人之書語而證其說，若其所引者同出一處，而兩用於自己之文中，而其文義無妨原文者，其有所增易，亦有所不拘。惟僞作者，因不悟古人行文之法，以爲出於兩書，遂分別割裂，其誤自見。如考異三辨太甲中篇云：

孟子兩引「徯我后」，一則曰：「后來其蘇」，一則曰：「后來其無罰」。

㈦以古人引書之義例辨僞

凡古人引他書以證己說，多註明其出處，不敢掠人之美也。作僞者，昧於古人引書之例，或割裂他書引文，或隨意湊合，以就己意，故以古人引書之例驗之，未有不破其僞者也，如考異二辨大禹謨云：

堯曰：咨爾舜，天之歷數在爾躬，舜亦以命禹者若是而已，…允執厥中，堯之言也。…其餘三言，蓋出荀子。…夫荀子一書，引詩則曰詩云、引書則曰書云，或稱篇名者有之，何獨於此二語，而獨易其名曰道經哉。

㈧以引援舊文失實辨僞

凡僞託者，必千方百計，以掩其僞，雖能欺讀者一時之疏略，而不能瞞精深於歷史者之目。故就其所引援之事，證諸他人所載之史實，則可揭其僞也。如考異二云：

今按尚書序與五子之本序不同，尚書序與離騷左傳皆合，本序皆竊取左傳之文。

㈨以不合前人慣用之文字辨僞

一代有一代所慣用之文字，摹擬古書，必須熟習前人所慣用之文字，蓋一人之精力有限，欲一一求通於古人，不可得也。是故，善於辨僞者，審辨其文字，以斷時代之先後，情僞莫遁，是亦辨僞之一法也。如考異六云：

司馬貞曰：古文尚書作「滎波」，此及今文並云：「滎播」，播是水播溢之義，滎是澤名。今按小司馬之說，援引精當，信而有徵，可見古文之擅改今文，與土風自來相傳之稱謂悉不合矣。

㈩以文字之演進原則辨僞

朱子雖疑孔傳，而未敢直斥古文尚書之僞，且於文字之難易，作調停之說。蓋朱子未信古文之僞故也，文字之演進，均由深而淺，由難而變易，演進之歷程必如是，斷無先易而後難者也，考辨古文之眞僞，以文字之艱澁與淺易推究之，其僞可知也。如考異一云：

安國所增多之書，今篇目俱在，皆文從字順，非若伏生之書，詰屈聱牙，至有不可讀者，……朱子曰：書凡易讀者皆古文，豈有數百年，壁藏之中，不能損一字哉。又曰：伏生所傳皆難讀，如何伏生偏記其所難，而易者全不能記也。

㈩以古書音韻辨僞

試觀古文書有應用韻者，有不應用韻者，作僞者疲於掇拾補綴，遂失古文有當用韻與不當用韻之處。故以音韻證之，亦辨僞者之一法也。如考異二辨五子之歌云：

今按少「帥彼天常」一句，改其行爲厥道者，則故爲繆亂，以惑學者，改乃滅而亡，爲乃底滅亡，……然不知此章之體，句句用韻，今厥道一句，獨不用韻，則其不知而妄改，卒亦莫能掩矣。

㈩以歷代文體辨僞

歷代文體，各有不同，時代風尙故也。是三代有三代之文，兩漢有兩漢之文，魏晉以還，文體益變，此深於文學流變者，一見而知，作僞者昧於此，故辨僞者，審察文體之異同，可考證書之眞僞，此亦爲辨僞之一法也。如考異三辨咸有一德云：

此篇凡用一德者四，倒用德惟一者一，單用一字者四，單用德字者八，以德惟一，照出德二三者一，皆非漢人以前文體。

㈩以文理辨僞

善於爲文者，使用一字，遣置一辭，義必有當，不可刪續，猶鶴脛不得不長，鳧脛不得不短，古人之文理謹嚴如此。惟作僞者，未悟古人文章，往往藉前人之文，增添刪改，以致文理乖舛，望而知其僞，故以文理斷之，眞僞自明。如考異三辨湯誓云：

論語：予小子履，敢用之牡，敢昭告于皇皇后帝，有罪不敢赦。今皆不通文理，妄爲改竄，以不敢赦移居敢用元牡之上，又以「有罪」變作「請罪」字於下稱伊尹爲元聖，徧考古今帝王之辭，無若然者，獨有孟子伊尹聖之任者也。

㈣以句讀辨僞

古人撰書，句讀不明，故後之讀者，往往有句讀誤失，以致將原撰者之意誤解曲說。作僞者竊於剽掠前人之文句，而未能深究古人之句讀，由是舛誤紕繆，故從句讀之法考之，亦足窺其僞。如考異三辨太誓上云：

說命王庸作書以告，庸、用也。朱子語錄云：此六字只作一句，讀庸如王，庸作書之庸，今蔡傳庸常也，太甲惟若尋常於伊尹之言，無所念聽，而不知此二句，乃效無逸昔之人無聞知，多方誕作民主罔可念聽。

㈤以文辭辨僞

辭之運用，因時代不同，故其辭亦異，後人雖悉力擬之，終無以得其萬一，作僞者雖得其貌，但失其神，蓋時代之限制故也。辨僞者察其文辭，則可辨其僞也。如考異五辨君陳云：

有弗若于汝政，弗化于汝訓，辟以止辟乃辟，：又三字接連句法擬老子。

㈥以訓詁辨僞

由於時間、空間、人爲三種因素互爲影響，而產生名詞之異，語意之變，聲韻之轉移，師說之差別，簡册之錯亂，文字之異形，古今之殊制，語法之改易，語詞之變化等問題，皆有賴訓詁來解決。然作僞者，往往疏略之，故以訓詁學之方法，亦可辨別書籍之眞僞。如考異一云：

朱子語錄云：「孔傳並序，皆不類西京文字氣象，與孔叢子同是一手僞書，蓋其言多相表裏，而訓詁亦多出小爾雅也」。

(十七)以時代先後辨僞

凡事生於某朝某代，皆歷歷有明證，不可誣也。惟作僞者，偶一疏失，則其僞不可掩，故辨僞者善用時代之先後以證驗之，僞者無可遁。如考異三云：

蔡仲命首四句，即太甲下篇首四句，爲善不同四句，即德惟治六句，……此可見其出於一手一律之意。

(十八)以時代思想辨僞

每一時代有每一時代之思想，且各有其特色，而治思想史者，均可分別其思想流變，每一時代思想之緣起。惟作僞者昧於此，常以其當時思想蒙於前，以致錯誤百出，故以時代思想辨之，即可破其僞也。如考異三辨允征云：

晉書袁宏三國名臣贊云：滄海橫流，玉石同碎。又劉琨傳火炎崑岡，可見是晉人語。

(十九)以禮制辨僞

按一代有一代之禮制，如唐禪虞，后殷繼周，此帝王之殊禮也，此其彰明者，然亦有於幾微之間易使人迷惑而不辨者，惟有辨僞之人，能察古人之禮制，作僞者未有不露出破綻也。如考異三辨太甲中云：

上篇言居憂，此言三祀，見其爲三年之喪也，朔者月正元日，十有二月者，見殷不改月也。冕服者，除喪吉服也，徂桐宮放太甲也，歸于亳者太甲賢復反之也。

(二十)以地名設置先後辨僞

按地名之設置，時有先後，雖或出一代，然一代之中，首尾恒距數百年。作僞者，往往昧於設置時之先後，以致地名出於後世者，居然出現於前人之書，故以地名設置之先後辨之，則其僞可見矣。如四庫全書尚書考異提要云：

至鷟云：如瀍水出穀城縣，兩漢志同，晉始省穀城，入河南，而孔傳乃云：瀍水出河南北山，又積石山在河關縣西南羌中，漢昭帝始元六年，始置金城郡，而孔傳乃云：積石山在金城西南，

凡此之類僞記，顯然，傳既如是，則經亦可知。

(二十一)以前人曰「佚文」、「逸書」、或「今亡」辨僞

前人云某書曰「佚文」、曰「逸書」、或「今亡」等，即前人未見之，今反可全見之，因此可知該書爲僞書。如考異序云：

皇甫謐者見安國書摧棄，人不省惜，造書二十五篇，大序、及傳，冒稱安國古文，…前此諸儒，如王肅、杜預、晉初人；鄭沖、何晏、韋昭、三國人；鄭玄、趙岐、馬融、班固，後漢人；劉

向、劉歆，前漢人，皆未見，不曰「逸書」，則曰「今亡」。

㈤以史學之比較法辨僞

史料是歷史之基礎，史料有虛僞，有謬誤，史學家須對史料施以極嚴格之考證。史料考證之方法極多，比較方法應是其中最基本方法之一，如以紙上史料與地下史料相比較，以原手史料與轉手史料相比較，以同一種史料各種不同的版本相比較。由比較而知其異同，窺其詳略，由其異同詳略，而求其癥結所在，將可撥雲霧而見天日（註三）。誠然比較法爲今日治史學重要方法之一，但是遠在明代中期梅氏鷟撰尙書考異一書，早已使用比較法以辨二十五篇之僞。雖然梅氏未明言所謂「同源史料之比較」，「異源史料之比較」之名，但是確有史學上比較之實。謹將梅氏之比較方法，簡述如下：

甲、以同源史料之比較辨僞

一種史料，其作者爲同一人，是同出一源之史料，兩種或兩種以上之史料，其作者相同，或作者不同，而出處相同，亦是同源之史料，經過比較之後，史實之異同，眞僞之別，即可分明也。如考異一，梅氏以今文尙書與安國古文尙書傳授比較，得知晉人二十五篇，決非安國所傳之本，其法簡當也。

乙、以異源史料之比較辨僞

史料不同出一源，而內容相涉，其間之異同，極富啓發性，史料之眞相，往往自其異同間流露出來。梅氏以史記儒林傳，漢書藝文志所載伏生因秦焚書，於是壁藏之，梅氏據上述之比較，可知二十八篇爲經，一篇爲序，如考異一云：

今按藝文志所言所以疏，史記儒林傳之言也，見百篇之書，共序爲百一篇，亡失者七十二篇，止求得二十九篇，二十八篇爲尚書經，而一篇爲序，其言明甚。

註一：新時代第一卷第二期，頁二八，第一個蒐集證據證明僞古文尚書的人—梅鷟。

註二：古書眞僞及其年代，頁四。

註三：中國史學論文集，第二輯，頁一一一—一一二，杜維運史學上的比較方法。

第七節　梅鷟對學術之影響

一、梅鷟對清代考據學之影響

有清一代，學術發達，推究其因，在其具有精良之研究法。清代學者，其據古求證之法，即是以科學之法，從事學術研究。清儒言考據以顧炎武、閻若璩、胡渭、惠棟等爲大師，然非其自創，實乃師承明代梅氏鷟之學說。故胡氏適治學的方法與材料云：

中國三百年的樸學成立於顧炎武同閻若璩，顧炎武的導師是陳第，閻若璩的先鋒是梅鷟，……然而從梅鷟的古文尚書考異到顧頡剛的古史辨，從陳第的毛詩古音考到章炳麟的文始，科學的方法居然能使紙堆裏大放光明。

陳氏夢家尙書通論考實篇亦云：

積極提出證據來的當推梅鷟的尙書考異，尙書譜；尙書考異則指出二十五篇悉雜取傳記中語以成文。他這已離開宋、元但憑體會文章格式的，進入考證的範圍以內。他承吳澄所謂梅賾所增「采輯補綴」，「無一字無所本」，而開後來閻氏古文尙書疏證、惠氏古文尙書考之先，很有承先啓後的功績。

由上所論述，可知梅氏之辨僞學，證據精核，用考據之法，將僞古文二十五篇，或者是照抄，或者是模仿，或者是襲用古語之意，其文句出處一一找出，依據佐證明確，故云清代之考據學，則以明代梅氏鷟爲先導，亦可知梅氏對後世考據學影響之深且鉅。

二、梅鷟對經學之影響

自宋代懷疑風氣漸興，先有吳棫對古文尙書之異議，繼有朱子之非孔傳，從此古文眞僞之爭紛起。元吳澄、王充耕等，又沿朱子之說，然而上述諸儒，雖知古文尙書有不可信，而囿於其爲傳註之例，僅作主觀之懷疑，未作客觀之考據，至明代梅鷟氏出，撰尙書考異一書，作客觀之考證，由是古文二十五篇之僞明且彰。惟古文尙書，自孔穎達正義頒佈之後，天下奉爲圭臬，由唐至明中期數百年間，士子皆僅守官書，莫敢異議，雖有一二豪傑之士，奮然辨駁，尙不足以動搖當世學人之信念，時至清閻若璩作尚書古文疏證，則始成定讞。然取閻氏之疏證，較之梅氏之考異，可知閻氏辨僞之據，辨僞之法，誠然皆師法梅氏之說。故孫氏星衍尚書考異序云：

明梅氏鷟創爲考異，於是閻氏推廣爲疏證，世儒方信二十五篇孔傳之不可雜於二十九篇矣。

尤爲宋人奉爲道統相傳十六字心法，梅氏嚴辭辨之，證其出於道經，而出於荀子解蔽篇之所引，其說駭人耳目，然宋人解經，亦失去依據。從堯、舜、禹、湯、文、武、周公、孔子、孟子相傳之道統，已受到動搖，其另一影響更大者，莫若學者之疑經也，此一風氣之開，實啓於梅氏鷟，蓋前人考辨，僅止於子史，莫敢以經典爲對象。自梅氏創爲之說，後儒閻氏等師承之，則古之經學，已失去超然莊嚴之地位。

第三章　尚書考異證補

第一節　古文二十五篇證補體例

四庫全書提要云：「國朝閻若璩尚書古文疏證出，條分縷析，益無疑義，論者不能復置一辭，然創始之功，實鷟爲之先也」。故本章專爲梅氏鷟尚書考異證補，以宏揚聖經，并彰明梅氏辨僞之學。

本章證補之體例，本之梅氏尚書考異之體例，并參之王鳴盛尚書後案、簡朝亮尚書集注述疏，逐篇逐章，按條分句，指明其因襲，所標「辨」者係引錄梅氏之辨僞論證。所標「證」者係引錄後儒辨僞之卓識，以證梅氏之辨說，可徵信也。所標「補」者係取各家之說，以補梅氏辨僞書之因襲，其遺漏或失誤者，以明僞書之跡。謹以上「辨」、「證」、「補」爲體例，證補之，並希有益聖經矣。

第二節　夏書證補

大禹謨

辨：梅氏鷟云：

變亂聖經之體者，大禹謨是也。凡伏生書典則典，謨則謨，誓則誓，典謨雜者，未之有也。今此篇自篇首至「萬世永賴，時乃功」謨之體也。自「帝曰：咨，禹，惟時有苗弗率」至「七旬有苗格」誓之體也。混三體而成一篇，吾故曰，變亂聖經之體者，大禹謨是也。皐陶謨，禹之戒帝曰，毋若丹朱傲，舜之命禹曰毋面從，退有後言，交相儆戒，如此，而此篇禹以六府三事自述，而帝以地平天成，萬世永賴歸功是反易謨之體也。堯典曰「乃言底可績」可之一言，正天子告臣之體，默寓儆勉之意。今此篇曰：「惟汝賢」，「懋乃德」，「嘉乃丕績」則諛禹之辭也。曰：「人心惟危，道心惟微，惟精惟一」，則少禹之辭也，至於詢事考言，以爲愼重，受禪之實事，曾無片語，是反易典之體也。古者誓師而出，無敵於天下，今會后誓師歷三旬之久，而苗民逆命，是苗之誓，茫無成算，猶在甘、湯、太、牧之下也，而可乎？是反易誓之體也（註一）。

證：元王氏充耘先梅氏鷟云：

禹謨一篇出於孔壁，深有可疑，蓋禹與皐陶舜三人答辭，自具見於皐陶謨、益稷篇中，如予思日孜孜，帝愼乃在位，即禹所陳之謨矣，安得又有大禹謨一篇。且堯典、舜典雖紀事不一，而先後布置皆有次序，皐陶、益稷雖各自陳說而首尾答問，一一相照，獨禹謨一篇，雜亂無敍，其間只如益贊堯一段，安得爲謨，舜讓禹一段，當名之以典。禹征苗一段，當名之以誓，今皆混而爲一名之曰謨，殊與餘篇體制不類（註二）。

簡氏朝亮云：

釋詁云，謨，謀也。今以皐陶考之，則臣言於君，而共謀之也。故以臣立篇名，稱之曰大禹謨，猶皐陶謨也。皐陶謨有舜禹之言，皆發明皐陶之謀也。今之大禹謨則僞也，故僞者記舜之讓禹焉，是君言於臣也，其讓無待禹謀也，非禹謨也，且僞者記舜之命征苗焉，亦君言於臣也，其命及禹謀也，非禹謨也。其禹誓于師，則禹誓也，非禹謨也，其益贊于禹，則益謀而禹從之也。非禹謨也。夫堯之讓舜及竄苗者，皆自堯典書之矣（註三）。

由上驗證，可知作僞之道，絕難憑空揑造，必雜采載籍，模仿剽竊，改頭換面，以取信於人，誠能考覈舊文，盡發其贓，縱有舌口，終難自白，梅氏之辨僞，將梅賾所獻二十五篇剽竊模仿文句，一一註明其來源，誠如閻氏百詩疏證第三十三云「大禹謨，句句有本」，故後儒惠定宇古文尚書考，王鳴盛尚書後案，程啓生晚書訂疑三，宋鑒尚書考辨，孫喬年尚書古文證疑，簡朝亮尚書集注述疏，吳闓生輯定本尚書大義，朱駿聲尚書古注便讀，屈氏翼鵬尚書釋義附錄三，黃增林僞古文尚書箋注等書皆因之，一一註明其出處，故云梅氏爲逐句言僞書因襲之先導也。

曰若稽古大禹，曰，文命敷於四海，祇承于帝。

辨：梅氏鷟云：

首句倣堯典、皋陶謨，雖兩倣之，而倣皋陶謨之意多，故不曰帝禹，而曰大禹，蓋此篇以謨稱故也。……尤重於擬典，故即以文命二字倣放勳二字。文命二字，史記以爲禹名，而此不從之，以敷于四海，綴其下者，亦此人善變見之一端也……「敷于四海」，約禹貢「東漸」數句之旨而成之。「祇承于帝」之語，王耕野曰，當合下即曰字點句，而此句倣周誥「靈承于旅」之句，其意必曰靈字固新奇，猶不若我祇字爲精切，且同彼用靈字，則蹈襲易見，故換作祇字，即後世作詩奪胎換骨之法也」（考異二、頁二）。

證：閻氏若璩云：

顧炎武言自夏以前純乎質，帝王有名，而無號，商以下浸乎文，有名有號，堯、舜、禹皆名也，時未有號，故帝王皆以名紀，……其說善矣，而亦未盡然也，堯舜禹亦皆有號，放勳也，重華也，文命也，三者即是也，所以別之，孟子引古堯典曰放勳乃徂落。許氏說文正同，他曰引堯之言爲放勳曰，則可知其以是爲號也矣，唯至僞古文出重華協于帝，文命敷于四海，不將重華、文命二字各斷爲句，與今文放勳字面一例，而竟連下文，協于帝敷于四海，自不得解作號，而謂是史臣贊頌之辭矣（註四）。

簡氏朝亮云：

堯典云，曰若稽古，蓋絕句焉，周書武穆篇有其文，其讀同也。大戴禮帝繫云，鯀產文命，是爲禹。史記云，夏禹名曰文命。蓋文命者，王號之名也。猶堯典稱帝堯曰，放勳也。今僞者襲而竄之，然則敷于四海，何謂也。……僞者不固言敷于四海乎？夫言禹所敷者土可也，言禹所敷者四海則窒矣。其不以文命爲號也，爲下文地也，蓋以大禹謨者，禹爲臣而謀於舜也。故不得稱王號於前也，如舍文命而不言，則又苦無所襲矣，此僞者之窮也（尚書集注述疏，頁七〇六）。

驗之閻氏等後儒之證，梅氏之辨是也，然亦有未盡之處，今補證之。

補： 黃氏增林云：

焦循尚書補疏，曰若稽古，史臣之言，乃自今述古之稱，若書當時之事，則不加此四字也。經讀考異，諸本俱以文命二字連下讀。武億云，據史記夏本紀，夏禹名曰文命，釋文引先儒云，文命禹名，則文命自宜一讀，增林案，此蓋摹仿皐陶謨，彼云皐陶曰，此亦曰大禹曰，至以己之命號爲德行之辭而稱於舜前，亦猶以啓之樂歌九歌，爲九敍惟歌之約辭，而稱於舜前者，從舊讀是也，至禹一人之言，用二曰字者，古人轉換語氣恒有此例，說見俞氏古書疑義舉例，僞者襲之耳（註五）。

由以上補證，梅氏之說，可以信從也。

后克艱厥后，臣克艱厥臣。

辨： 梅氏鷟云：

「后克艱厥后」之言，於皐陶謨「允迪厥德」用其意，於孔子論語用其辭，「后」即「君」，字之別名，「艱」則「難」字之換字也。「臣克艱厥臣」，於臯陶謨，「謨明弼諧」用其意，於孔子論語用其辭，「臣」即「語之臣」字，「艱」即「不易」字之減字也。有臯陶謨以爲繩墨，有聖人所引之言，以爲活法，由是而作爲聖經，以號召於天下，其誰則敢議乎（考異二、頁三）？

證：簡氏朝亮云：

釋詁云，艱、難也。論語云，爲君難，爲臣不易（尙書集注述疏、頁七〇六）。

吳氏闓生云：

此語上無所承，何人之言乎？若以爲禹言，連上祇承于帝讀之，則禹何故突發此論乎？古人豈有此突無根之文也。梅云，「后克」二語，本論語爲君難，爲臣不易（註六）。

驗之簡氏等後儒之證，梅氏之辨是也。

政乃乂，黎民敏德。

辨：梅氏鷟云：

康誥曰，乃其乂民。又曰，用康乂民。又曰，則罔政有厥邦。又曰，丕則敏德。立政曰，亦越我文王，立政立事，茲乃俾乂（考異二、頁三）。

證：簡氏朝亮云：

立政云，茲乃俾乂。康誥云，丕則敏德，此其所襲也（尙書集注述疏、頁七〇六）。

驗之簡氏之證，梅氏之辨是也。

帝曰：俞！允若茲，嘉言罔攸伏。野無遺賢，萬邦咸寧。稽于衆，舍己從人，不虐無告，不廢困窮，惟帝時克。

辨：梅氏鷟云：

俞、允字見前篇，若茲見周誥諸篇，嘉言即昌言之別，伏字見盤庚，毋或敢伏小人之攸箴。野無遺賢見詩小序，萬邦咸寧見易大傳，稽于衆見召誥稽我古人之德，稽謀自天之稽字，「舍己從人」「無告」見孟子，王制亦曰，天民之窮，而無告者，不虐二字即洪範無虐字。文十五年，季文子曰，君子之不虐幼賤，不廢廢字見八柄，困窮字凡二次用一，則商書子惠困窮，惟帝二字，見皐陶謨。時克倣時舉，此可見蒐集之大略（考異二、頁三一四）。

證：簡氏朝亮云：

堯典云，帝曰，俞。無逸云，允若時。盤庚云，無或敢伏小人之攸箴。易乾象傳云，萬國咸寧，鴻範云，無虐煢獨，孟子云，天下之窮民而無告者，易繫辭傳云，此困窮而通，其所襲也。惟帝時舉，今襲而竄之爾（尚書集注述疏、頁七〇五）。

宋氏鑒云：

易萬國咸寧（乾象傳），孟子舍己從人（公孫丑），莊子堯曰吾不敖無告不廢窮民（天道）（註七）。

驗之簡氏等後儒之證，梅氏之辨是也。

益曰：都！帝德廣運，乃聖乃神，乃武乃文！皇天眷命，奄有四海，爲天下君。

辨：梅氏鷟云：

呂氏春秋有乃聖乃神之文，聖神二字又見孟子。文武二字見詩文武惟后。皇天字，眷命字俱見周書。奄有四海，見詩奄有四方。伊訓又言罔以辟四方，皇天眷佑有商（考異二、頁四）。

證：王氏鳴盛云：

呂氏春秋十三諭大覽引夏書云，天子之德廣運，乃神乃武乃文，晉人掇入尙書，又增乃聖二字於乃神上，即令四乃文法整齊，又圖運神文叶韻層疊，不知乃聖二字，不可增也。洪邁容齋隨筆，論自孔子贊易，孟子論善信之前，未盡以聖爲尊，詩書周禮左傳皆然，堯舜去孔孟幾千年，語言文字多不同，今以晚周之語，移之唐虞之上，其謬顯然（註八）。

驗之王氏之證，梅氏之辨是也。然亦有未盡之處，今補證之。

補：簡氏朝亮云：

孟子言禹薦益矣，蓋益者，禹之所親也，故僞大禹謨，則稱益言爾。都者，襲皐陶謨爲之也。洪範云，以爲天下王，皆其所襲也（尙書集注述疏、頁七〇六）。

禹曰：惠迪吉，從逆凶，惟影響。

辨：梅氏鷟云：

景字古文無彡，唐元宗天寶三載，命集學士衞包改古文從今文時所增也，今從古文。惠迪二句，即作善降之百祥，作不善降之百殃意。景響二字見荀子諸書，荀子富國篇，……如影響楊倞注響讀爲嚮，又曰其下應之，如影響，又臣道篇曰，形下如影齊給如響（考異二、頁四）。

梅氏之辨，雖然有據，但後儒多異其證，可知梅氏亦有未審者，今補證之。

補：惠氏棟云：

御覽八十一卷引尸子曰，舜云從道必吉，反道必凶，如影如響，應璩與岑文瑜書善惡之應，甚于影響，古本趙岐孟子章指曰，惡出于己，害及其身，如影響自然也（註九）。

王氏鳴盛云：

鄒季友云，影古文作景，葛洪字苑始加彡，此天寶三載衞包改古文所易，考高誘淮南子注云，景古影字，誘漢末人，時已有加彡者，非始葛洪，尚書惟影響景旁加彡，見顏之推家訓卷下書證篇第十七，則顏氏所見本已如此，非衞包所改，但魏晉間人僞作古文尚書者，于虞夏之書而用漢末俗字，則爲謬耳。又云，淮南子主術訓云，如響之應聲，景之像形，又劉向奏云，神明之應應若景響（尚書後案、頁四八一九）。

補驗之惠氏王氏之證，以補梅氏之辨，言因襲可謂備矣。

益曰：吁！戒哉！儆戒無虞，罔失法度，罔遊于逸，罔遊于樂，任賢勿貳，去邪勿疑。疑謀勿成，百志惟熙。罔違道以干百姓之譽，罔咈百姓以從己之欲，無怠無荒，四夷來王。

辨：梅氏鷟云：

詩曰：「用戒不虞」，以「儆」字代「用」字，以「無」字代「不」字。依無逸當亦作罔淫于逸，然句法雖同，而用論語「逸遊」與莊周「淫樂」字也。「任賢」二句見戰國策趙武靈王曰書云去邪勿疑，任賢勿貳，禮曰，「疑事毋質」，儆戒一句，提其綱，下文三罔，是儆戒其修諸身者。三勿是儆戒其施諸朝廷者，一惟是儆戒其凡閒志慮者，又二罔是儆戒其施諸民者，二無是儆戒其始終者，末句儆戒之效也。僖二十年臧文仲曰，以欲從人則可，以人從欲鮮濟，漢書徐偃矯制不服辜，終軍詰之曰，「直矯作威福，以從民望，干名采譽」，今改「矯制」爲「違道」，改「民」字爲「百姓」，交錯用之，所以滅其跡也（考異二、頁四）。

證：惠氏棟云：

詩用戒不虞，戰國策引書云，去邪勿疑，任賢勿貳。僖二十年臧文仲曰，以欲從人則可，以人從欲鮮寡（尚書考、頁三七一八）。

吳氏闓生云：

梅云，詩用戒不虞，無逸罔淫于逸，淫樂字本莊子，戰國策引書云，去邪勿疑，任賢勿貳，禮記疑事毋質（尚書大義、頁一〇七）。

驗之惠氏等後儒之證，梅氏之辨是也，然亦有未盡之處，今補證之。

補：簡氏朝亮云：

「去邪勿疑，任賢勿貳」，倒其辭而綴其下焉，苟去邪者，有所疑而謀去不成也。不將曰疑謀忽成乎？且鴻範言有大疑而謀及者，若論語所謂好謀而成也。今日疑謀，是疑而謀者，尚疑其所謀也，疑之云者，謂不成也。即謂之成，豈疑謀乎？……若三國志，言袁紹、劉表，皆好謀無決也。安在戒其勿成乎？此僞者之窒也。……襄十年左傳云，專欲難成。詩殷武云，莫敢不來王。禮哀公問云，荒怠敖慢（述疏、頁七〇七）。

禹曰：於！帝念哉。德惟善政，政在養民。水、火、金、木、土、穀，惟修，正德利用厚生，惟和；九功惟敘，九敘惟歌。戒之用休，董之用威，勸之以九歌，俾勿壞。

辨：梅氏鷟云：

此一節全宗左傳文六年，邾文公曰，命在養民，文七年郤缺言於宣子引夏書止曰，戒之用休，董之用威，勸之以九歌，勿使壞。而無上文一段，但其下文釋之曰，九功之德，皆可歌也，謂之九歌，六府三事，謂之九功，水、火、金、木、土、穀謂之六府。正德利用厚生，謂之三事，今修飾其文於上，如此惟修修字見禹貢。……襄二十八年，晏子曰：夫民生厚而用利，於是乎正德以副之（考異二、頁五—六）。

證：閻氏若璩云：

左氏文七年郤缺引夏書曰，戒之用休，董之用威，勸之以九歌，勿使壞，書辭止此九功之德，皆可歌也，謂之九歌。六府三事謂之九功，水、火、金、木、土、穀謂之六府，正德利用厚生，謂之三事，釋書辭如此，爲作大禹謨者，將援「戒之用休」三語，自不得如缺作釋辭，又恐九歌終未明也，遂倒裝于前曰，水、火、金、木、土、穀、惟修，正德利用厚生惟和，九功惟敍，九敍惟歌，戒之用休，……與左氏引古例不合耳？余曰奚有於是「愼徽五典，五典克從」！至孟子始釋以父子有親等，……及郤缺，孟子時便不得不費辭，亦所謂周公而下其說長，曾謂作夏書者，置身三代，而即使後代之饒舌哉（疏證五下、頁三六八—三六九）。驗之閻氏之證，梅氏之辨是也，然亦有未盡之處，今補證之。

補：簡氏朝亮云：

皐陶謨云，䕫曰：「於」，又云，帝其念哉，孟子云善政，不如善教之得民也。今禹何以言德惟善政邪？豈孟子之言而違經邪？正德非善教邪？夫善政養民也。……夏書作「勿使」今作俾勿，亦竄之也（述疏、頁七〇七）。

帝曰：俞！地平天成。

辨：梅氏鷟云：

僖二十四年，君子曰：子臧之服不稱也。夫夏書曰「地平天成稱也」，文十八年史克曰，八愷治后土，地平天成，八元布五教，內平外成（考異二、頁六）。

證：惠氏棟云：

僖二十四年，夏書曰，地平天成稱也（尙書考、頁三七一八）。

又王氏鳴盛尚書後案（頁四八二〇）、宋氏鑒尚書考辨（卷三頁四）、簡氏朝亮尚書集注述疏（頁七〇八）、朱氏駿聲尚書古注便讀（卷一頁二一）等書證同。驗之惠氏等後儒之證，梅氏之辨是也。

時乃功。

辨：梅氏鷟云：

皐陶謨，迪朕德時乃功，下文曰，刑期于無刑，民協于中，時乃功懋哉，說命下篇，又變句法曰，時乃風（考異二、頁六）。

證：簡氏朝亮云：

皐陶謨云，時乃功惟敍，言敍三苗也，史記誤爲舜典禹功之辭，今僞者襲之，蓋以起下文舜之讓禹焉（述疏、頁七〇八）。

又朱氏駿聲尚書古注便讀（卷一頁二一）、吳氏闓生定本尚書大義（頁一〇九）等書同證。驗之簡氏等後儒之證，梅氏之辨是也。

帝曰：格汝禹！朕宅帝位，三十有三載，耄期倦于勤；汝惟不怠，總朕師。

辨：梅氏鷟云：

格汝二字見堯典格汝舜。湯誓格爾衆庶，朕宅帝位，三十有三載，堯典曰，朕在位七十載，堯十六即位，在位七十載，試舜三載，共八十九載，舜六十即位，而在位三十三載，蓋年九十三歲，則禹攝位十有七年，此蓋因孟子舜薦禹于天，十有七年故也。耄期倦于勤，用孟子堯老之老字意，曲禮九十曰耄，百年曰期，以爲耄則更有三載以爲期，則猶少七年，故二字兼舉，……「倦于勤」三字……傳位天下之大事，正欲禹之兢兢栗栗，日愼一日，顧乃首以倦勤之言唱之哉，此可決之其妄也（考異二、頁六—七）。

證：王氏鳴盛云：

宅帝位三十有三載者，孟子舜薦禹于天，十有七年，舜崩堯典舜在位五十載，陟方乃死，以五十載去十七，正得三十三，自謂巧合，……大禹謨與舜典傳同是僞書，必相祖述，亦以舜爲即眞五十年，又見孟子有薦禹十七年之文，遂造爲即眞三十三年，讓禹之事（尚書後案、頁四八二〇）。

驗之王氏之證，梅氏之辨是也，然亦有未盡之處，今補證之。

補：惠氏棟云：

汲郡古文曰：帝舜三十三年命夏后總師，射義曰旄期稱道不亂者，旄字本如此，今作耄者，說文曰眊目少精也，虞書耄字從此（尚書考、頁三七一八）。

案：臧氏玉琳云，群經音辨示部云，秏老也，音耄，書王秏荒，鄭康成讀案說文目部云，眊目少精也，從目毛聲，虞書耄字從此……服虔曰眊音老。耄據此知古老耄字多作眊（註一〇）。

禹曰：朕德罔克，民不依，皐陶邁種德，德乃降，黎民懷之。

辨：梅氏鷟云：

此因孟子有舜以不得禹，臯陶爲己憂，臯陶陳謨，故意當時禹必讓臯陶也，王耕野先生云，舜有臣五人，而天下治，而獨言臯陶，蓋謙己之功，不及臯也，民不依出於不情，非臣子所以對君父之語。夏書曰，臯陶邁種德，德乃降，姑務修德，以待時乎（考異二、頁七）？

證：閻氏若璩云：

古文大禹謨，臯陶邁種德，德乃降，孔安國傳曰邁行種布，降下也。陸德明音曰降江巷反，據此則德乃降之降，當音絳，不當胡江切音訌，蓋可知矣。然左氏莊八年夏師及齊師圍郕，郕降於齊師，仲慶父請伐齊師，公曰不可，我實不德，齊師何罪，罪我之由。夏書曰，臯陶邁種德，德乃降，姑務修德，以待時乎，秋師還。杜預注臯陶邁種德一句曰，夏書逸書也。注德乃降一句，曰言苟有德，乃爲人所降服也。孔穎達疏曰，杜謂德乃降，爲莊公之語。故隔從下注，據此則德乃降之降，當胡江切音訌，不當古巷切音絳又可知矣。且必音訌，方與上文郕降於齊，經文郕降於齊師，相合一部，左氏引古文成語，下即從其末之一字，申解之者，固不獨莊八年夏爲然也。宣十二年君子引詩曰：亂離瘼矣，爰其適歸歸於怙亂者也。……又不獨左氏爲然也。……且已苟有德，乃爲人所降服者，亦不獨見於莊八年夏而已也。僖十九年載文王伐崇，退而修教，而崇始降，僖二十五年載文公圍原，退而示信，而原始降。昭十五年載穆子圍鼓，旣令之以殺叛復令之，以知義而後從而受其降，皆其義也。凡德乃降之爲莊公釋書之語，皆歷歷有證，而僞古文者，一時不察，並竄入大禹謨中，分明現露破綻

（疏證一、頁二七七）。

惠氏棟古文尚書考（頁三七一八）、姚氏範援鶉堂筆記（頁八〇）等書證同。驗之閻氏等後儒之證，梅氏之辨是也，然亦有未盡之處，今補證之。

補：簡氏朝亮云：

堯典云，舜讓于德，明其德無受堯之讓也。故僞禹讓者襲焉。詩南山有臺云，民之父母，詩小弁云，靡依匪母。尹奭云、文王蔑德，降于國人，此其所襲也。……閻氏云，德乃降者，釋書之辭，是也（述疏、頁七〇八）。

念茲在茲，釋茲在茲，名言茲在茲，允出茲在茲。惟帝念功。

辨：梅氏鷟云：

襄二十一年，臧武仲曰紇也。聞之在上位者，洒濯其心，壹以待人，軌度其信，可明徵也，……夏書曰，念茲在茲，釋茲在茲，名言茲在茲，允出茲在茲，惟帝念功，將謂由己壹也，信由己壹，而後功可念也。……殊不知襄二十四年，仲尼曰夏書曰，念茲在茲，言順事恕施也。仲尼辭氣固非指皐陶。又哀六年，孔子曰，楚昭王知大道矣。其不失國也。宜哉！夏書曰，惟彼陶唐，帥彼天常，有此冀方。又曰，允出茲在茲，由己帥常可矣。……晉人僞作孔安國傳者，惟有兢懼之意，與杜注不敢太遠，凡此曲折關紐（考異二、頁八）。

證：惠氏棟云：

襄二十一年左傳引夏書曰：念茲在茲，釋茲在茲，名言茲在茲，允出茲在茲，惟帝念功，將謂由己一也。信由己壹而後功可念也（尚書考、頁三七一八）。又程氏廷祚晚書訂疑（頁一九七五）、崔氏邁讀僞古文尚書黏簽標記（卷六三頁二二）、孫氏喬年尚書古文證疑（卷四頁二）、宋氏鑒尚書考（卷三頁四）、朱氏駿聲尚書古注便讀（卷一頁二二）等書證同。驗之惠氏等後儒之證，梅氏鷟之辨是也。

帝曰：皐陶！惟茲臣庶。罔或干予正。汝作士，明于五刑，以弼五教。期于予治，刑期于無刑，民協于中，時乃功，懋哉！

辨：梅氏鷟云：

方欲禪禹，因禹讓皐陶，而遂與皐陶言者，倣堯典禹拜稽首，讓于稷契旣皐陶。帝曰：俞，汝往哉！而其下因亦命棄契皐陶也。惟茲臣庶，孟子以爲舜告象之言，下文汝其于予治，此則曰罔或干予正，于字去一鈎作干，又止蹈襲一予字，何其神於變化邪？堯典命皐陶曰，汝作士五刑有服，此則曰汝作士明于五刑，又皐陶方施，象刑惟明。堯典命皐陶之先，命契曰，敬敷五教，此則曰以弼五教，弼字又後篇弼成五服之弼，孟子曰：舜命象曰，汝其于予治，此則曰期于予治，至此句而變化之神拙矣。……刑期于無刑之言，民協于中見呂刑，士制百姓于刑之中，時乃功，見皐陶謨，淮南子詮言訓，聽獄制中者皐陶也（考異二、頁九）。

證：簡氏朝亮云：

堯典云：帝曰，皋陶汝作士，五刑有服，又云，惟明克允。呂刑云，士制百姓于刑之中，以教祇德，此其所襲也。蓋命皋陶者，次於命契敬敷五教之後也。故襲之而稱弼教焉。孟子云：舜曰，惟茲臣庶，女其予治，說文云，干犯也。文四年左傳云：其敢干大禮以自取戾。呂刑云，今往何監，非德于民之中。堯典云，惟時懋哉，皆其所襲也（述疏、頁七〇八）。

驗之簡氏之證，梅氏之辨是也。

皋陶曰：帝德罔愆，臨下以簡，御衆以寬，罰弗及嗣，賞延于世，宥過無大，刑故無小。罪疑惟輕，功疑惟重。與其殺不辜，寧失不經。好生之德，洽于民心。茲用不犯于有司。

辨：梅氏鷟云：

愆字見詩不愆。臨下以簡見論語，居敬而行簡，以臨其民。御衆以寬，見論語，寬則得衆，罰弗及嗣用孟子，罪人不孥，賞延于世，用孟子仕者世祿，宥過無大二句用康誥人有小罪，非眚云云，至時乃不可殺！又堯典眚災肆赦，怙終賊刑，罪疑二句，賢人以下，忠厚之事，聖人似不止此。左傳襄二十六年，聲子曰：夏書曰，與其殺不辜，寧失不經。易曰，天地之大德曰生。孟子曰，萬嗜殺人者能一之，民望之若水之就下，沛然熟能禦之。荀子哀公問舜冠孔子不對曰，其政好生而惡殺焉，所謂好生之德，洽于民心也。有司皋陶自謂也，士師司刑不犯者，即上言期于無刑，……襄二十六年，聲子曰，善爲國者，賞不僭而刑不濫，賞僭則懼及淫人，刑濫則懼及善人。若不幸而過，寧僭無濫，與其失善寧其利淫不僭不濫。荀子君臣篇，賞不欲僭，刑不欲濫，賞僭則利及淫人，刑濫則害及君子，若不幸而過，寧僭無濫，與其害善不若利淫（考異二、頁一〇）。

證：惠氏棟云：

論語居敬而行簡，以臨其民，又曰寬則得衆。「罰弗及嗣，賞延于世。」閻若璩曰二句用孟子，罪人不孥，仕者世祿。襄二十六年，夏書曰，與其殺不辜，寧失不經，懼失善也。閻若璩曰，哀公問舜冠孔子不對曰，其政好生而惡殺，所謂好生之德，洽于民心也（尙書考、頁三七一九）。

王氏鳴盛尙書後案（頁四二二〇）、吳氏闓生定本尙書大義（頁一一〇）等書證同。驗之惠氏等後儒之證，梅氏鷟之辨是也，然亦有未盡者，今補證之。

補：姚氏範云：

「罪疑惟輕，功疑惟重」、案賈誼新書連語篇，獄疑則從去，賞疑則從予。又大政篇一罪疑則弗遂誅也。一功疑則必弗信也，疑罪從去仁也，疑功從予信也。與其殺不辜，寧失不經，按漢書路溫舒傳引書曰，與其殺不辜，寧失不矜。吳志陸抗論救嶭瑩疏亦引此文。抗未見梅賾書，即本左傳或溫舒語（註一一）。

簡氏朝亮云：

無逸言皇自敬德云，厥愆，曰朕之愆。秦誓云，則罔所愆。呂刑云，五刑之疑有赦，謂罪疑也。今僞者因罪而及功爾（述疏、頁七一〇）。

帝曰：俾予從欲以治，四方風動，惟乃之休。

辨：梅氏鷟云：

荀子大略篇，舜曰，惟予從欲而治，以上三節，皆因皐陶謨皐陶方祇厥敍，方施象刑惟明，敷演成文（考異二、頁一〇）。

證：惠氏棟云：

荀子大略篇，舜曰維予從欲而治（尙書考、頁三七一九）。

又程氏廷祚晚書訂疑（頁一九七五）、朱氏駿聲尙書古注便讀（卷二頁二三）亦從之。驗之惠氏等後儒之證，梅氏之辨是也，然亦有未盡之處，今補證之。

補：簡氏朝亮云：

詩序云，形四方之風，又云，風以動之，此其所襲也。釋詁云，休，美也，僞者襲之，以書辭多用焉（述疏、頁七一〇）。

帝曰：來禹。洚水儆予，成允成功。惟汝賢，克勤于邦，克儉于家，不自滿假。惟汝賢。

辨：梅氏鷟云：

「洚水儆予」見孟子，成允成功見襄五年，君子謂楚共王……夏書曰「成允成功」，杜注逸書，允信也，言信成，然後有成功。史夏本紀禹爲人敏給，克勤其德，不違其仁可親，聲爲律身爲度，……過家門不敢入，薄衣食致孝於鬼神，卑宮室致費於溝洫。襄二十九年季札見舞大夏者曰，美哉，勤而不德，非禹其誰能修之（考異二、頁一一）。

證：閻氏若璩云：

按夏本紀稱禹爲人敏給克勤，克勤二字爲大禹謨所采，尚有二語甚精曰，聲爲律身爲度，未經用，予曾戲以荀子（疏證五下、頁三六六）。

惠氏棟云：

孟子曰，書云，洚水警予，洚水者，洪水也。左傳襄五年夏書曰，成允成功。「不自滿假」，襄二十九年季札見舞大夏者曰，美哉，勤而不德非禹其孰能修之（尚書考、頁三七一九）。

又王氏鳴盛尚書後案（頁四八二三）、程氏廷祚晚書訂疑（頁一九七五）、宋氏鑒尚書考辨（卷三頁四）皆從梅氏說。驗之閻氏等後儒之證，梅氏之辨是也。

汝惟不矜，天下莫與汝爭能。汝惟不伐，天下莫與汝爭功。

辨：梅氏鷟云：

老子曰，不自伐故有功，不自矜故長，夫惟不爭，故天下莫能與之爭，後章又曰，自伐者無功，自矜者不長，又曰，以其不爭，故天下莫能與之爭，夫聖賢不得已而有功，故成功而不自伐，非爲天下之與我爭功也。無所爲而多能，故能多而自不矜，非爲天下之與我爭能也。……然則此人必借老子之言，以爲出於舜之口者何也？曰其意以爲天下，皆讓其功，最其能，禹可以當天下，而不必辭也。……聖人氣象果若何？曰詢事考言，乃言底可績而已。曰天之歷數在爾躬，而即以戒辭綴之，曰允執其中，四海困窮，天祿永終而已（考異二、頁一一—一二）。

證：惠氏棟云：

閻氏若璩曰，汝惟不矜，天下莫與汝爭能，荀子君子篇語也，老子曰，不自伐，……無功自矜者不長（尚書考、頁三七一九）。

又宋氏鑒尚書考辨（卷三頁四）、王氏鳴盛尚書後案（頁四八二三）、程氏廷祚晚書訂疑（頁一九七五）、孫氏喬年尚書古文證疑（卷四頁一二）等書證同。驗之惠氏、宋氏等後儒之證，梅氏之辨是也。

天之曆數在汝躬。

辨：梅氏鷟云：

堯曰，咨爾舜，天之曆數在爾躬，舜亦以命禹者若是而已，何爲復增之曰，「來禹，降水儆予，……汝終陟元后」。堯曰「允執厥中」，舜亦以命禹者，若是而已，何爲復增之曰，「人心惟危，道心惟微，惟精惟一，允執厥中，無稽之言勿聽，弗詢之謀勿庸。」堯曰「四海困窮，天祿永終」舜亦以命禹者，若是而已，何爲得增之曰「可愛非君？可畏非民？衆非元后何戴？后非衆罔與守邦。欽哉？愼乃有位，敬修其可願！惟口出好興戎，朕言不再。」其文多支離而不貫，補綴而可厭，諛佞而不莊，細冗而不切（考異二、頁一二—一三）。

證：閻氏若璩云：

按梅氏鷟，亦謂堯曰，咨爾舜僅五句，大禹謨于五句上下輒益之，共三十三句，是在堯爲寂寥乎短章，在舜爲春容乎大篇矣，……又謂孔安國註論語舜亦以命禹曰舜亦以堯命己之辭命禹，今見大禹謨，比此加詳則可證東晉時古文非西漢之時安國所見之古文決矣（疏證五下、頁三六〇）。

又宋氏鑒尚書考辨（卷三頁四）、孫氏喬年尚書古文證疑（卷四頁一二）、朱氏駿聲尚書古注便讀（卷一頁二三）等書論說皆從梅氏之說。驗之閻氏等後儒之證，梅氏之辨是也。

人心惟危，道心惟微，惟精惟一，允執厥中。

辨：梅氏鷟云：

允執厥中，堯之言也，見論語堯曰第二十，夫堯之一言至矣，盡矣，而舜復益之以三言者，先儒以爲所以明乎，堯之一言，必如是而後可庶幾也，自今考之，惟允執厥中一句信爲聖人之言，其餘三言，蓋出荀子而鈔略掇拾，膠粘而假合之者也。荀子解蔽篇曰：昔者舜之治天下也，不以事詔而萬物成，處一之危，其榮滿側，養一之微榮矣，而未知，故道經曰，人心之危，道心之微，危微之幾，惟明君子，而後能知之，荀卿稱道經曰，初未嘗以爲舜之言，作古文者，見其首稱舜之治天下，遂改二「之」字爲二「惟」字，而直以爲大舜之言。楊倞爲之分疏云，今虞書有此語，而云道經，蓋有道之經也，其言似矣，至於惟精惟一，則直鈔略荀卿前後文字，而攘己有，……荀卿子上文有曰，心者形之君也，出令而無所受令，故曰心容其擇也。無禁必自見其物也，雜博其精之至也不貳，又曰心枝則無知，傾則不精，又曰有人也，不能此精於田，精於市，精於器之三枝，而可使治三官曰精於道者也，……此其「精」字「一」字所自來也。或曰荀子之言精一，以精一爲一，古文之言精一，以精一爲二，……夫荀子一書引詩則曰詩云，引書則曰書云，……何獨於此二語，而獨易其名曰道經哉，……耕野王先生之言曰，堯命舜「允執其中」其說見於論語，今推其意若曰咨爾舜，天之歷數在爾躬者，言己之禪位出於天，非有所私於汝也，允執其中，猶言汝好爲之，凡不中之事，愼不可爲也。四海困窮，天祿永終，言若所爲不中，而致百姓困窮，則汝亦休矣。……蓋嘗論之堯之告舜僅曰「允執厥中」，而舜亦以命禹，則其辭一而已，當無所增損也，禹謨出於孔壁，後人附會，竊取魯論堯曰篇載記而增益之，析四句爲三段，而於「允執其中」之上，妄增人心道心等語，傳者不悟其僞，而以爲實然，於是有傳心法之論。……然後喻幾於可笑

（考異二、頁一三——一七）。

證：閻氏若璩云：

虞廷十六字爲烏有，猶未足服信古文者之心也。余曰此蓋純襲用荀子，而世舉未之察也，荀子解蔽篇昔者舜之治天下也。故道經曰，人心之危，道心之微，危微之幾，唯明君子，而後

能知之，此篇前又有精於道一於道之語，遂隱括爲四字，復續以論語允執厥中，以成十六字，僞古文蓋如此，或曰安知非荀子引用大禹謨之文邪，余曰合荀子前後篇讀之，引無有作好四句，則冠以書曰，引維齊非齊一句，則冠以書曰，以及他所引書者十皆然，引獨夫紂，則明冠以秦誓以及仲虺之誥亦然，豈獨引大禹謨而輒改目爲道經邪，予是以知人心之危，道心之微，必眞出古道經，而僞古文，蓋襲用初非其能造語，精密至此極也（疏證二、頁三〇八－三〇九）。

李氏厚岡云：

若禹謨之謬，元人王充耘已得其概，而條析於明中世旌德梅氏，其他疏證考辨不一……晉人改兩「之」字爲「惟」字，顚倒「精一」而竄入論語之文爲書云，人心惟危，道心惟微，惟精惟一，允執厥中，又自爲注云，危則難安，微則難明，故戒以精一，允執其中。……予按荀子本言人心，即道心。晉人書及注疏則以人心屬民，道心屬君，荀子言危微是心好處。晉人書言危微，是不好處，又以精配微，以一配危，勉強安排，字同意謬。何異化金爲鐵矣（註一二）。

惠氏棟古文尚書考（頁三七一九）、程氏廷祚晚書訂疑（頁一九七五）、宋氏鑒尚書考辨（卷三頁四）、簡氏朝亮尚書集注述疏（頁七一〇）、吳氏闓生定本尚書大義（頁一一〇）、朱氏駿聲尚書古注便讀（卷一頁二三）等書證同。又章氏太炎國故論衡原經篇云：經之名廣矣，仲尼作孝經……墨子有經上下、賈誼有容經，先次凡目亦楬署經名，老子書至漢世，鄰氏復次爲經傳，孫卿引道經曰，人心之危，道心之微，道經亦不在六籍中（頁七九）。驗之閻氏等後儒之證，梅氏之辨是也。

衆非元后、何戴？后非衆、罔與守邦。

辨：梅氏鷟云：

周語內史過曰，夏書有之曰，衆非元后、何戴？后非衆、無與守邦（考異二、頁一八）。

證：惠氏棟云：

國語內史過曰，夏書有之曰，罪非元后何戴，后非衆無以守邦（尙書考、頁三七一九）。王氏鳴盛尙書後案（頁四八二四）、程氏廷祚晚書訂疑（頁一九七六）、孫氏喬年尙書古文證疑（卷四頁二）、宋氏鑒尙書考辨（卷三頁四）皆從梅氏說，然於「無稽之言勿聽，弗詢之謀勿庸，可愛非君，可畏非民」之語，梅氏未辨證其所出，今補證之。

補：惠氏棟又云：

荀子正名篇曰，無稽之言，不見之行，不用之謀，君子愼之（尙書考、頁三七一九）。又王氏鳴盛尙書後案（頁四八二四）、程氏廷祚晚書訂疑（頁一九七六）、朱氏駿聲尙書古注便讀（卷一頁二三）亦從之。補驗之惠氏等後儒之證，言此段之因襲，可謂備矣。

欽哉！愼乃有位，敬修其可願，四海困窮，天祿永終，惟口出好興戎，朕言不再。

辨：梅氏鷟云：

緇衣說命惟如起羞，惟甲冑起兵，今上句用「惟口」字，下句用「興戎」字合作一句，爲若說之言，取諸此者（考異二、頁一八）。

梅氏辨此語之證，後儒多異之，故梅氏之辨未盡善也，今補證之。

補：惠氏棟云：

墨子曰，「先王之書，術令之道曰。惟口出好興戎」，此言善用口者出好，不善用口者以爲讒賊寇戎則此，豈口不善哉，用口則不善也，故遂以爲讒賊寇戎（尚書考、頁三七一九）。

王氏鳴盛云：

其四海困窮二句，則與上允執其中相連，本是舜命禹之言，見論語堯曰篇，……晉人乃採入大禹謨耳（尚書後案、頁四八二四）。

又程氏廷祚晚書訂疑（頁一九七六）、宋氏鑒尚書考辨（卷三頁四）、孫氏喬年尚書古文證疑（卷四頁二）、朱氏駿聲尚書古注便讀（卷一頁二三）、屈氏翼鵬尚書釋義（頁一七三）等書皆云出自墨子尚同篇中，足證梅鷟氏之說非妥也，故云「惟口出好興戎」本墨子尚同篇中爲是。

禹曰：枚卜功臣，惟吉之從。帝曰：禹！官占，惟先蔽志，昆命于元龜。朕志先定，詢謀僉同，鬼神其依，龜筮協從，卜不習吉。禹拜稽首固辭。帝曰：毋！惟汝諧。

辨：梅氏鷟云：

哀十七年，楚王與葉公枚卜，子良以爲令尹。十八年君子曰，惠王知志，夏書曰，官占惟能蔽志，昆命于元龜，其是之謂乎？志曰，聖人不煩卜筮，惠王其有焉，蓋司馬子國之卜也，觀瞻曰如志，故命之也，及巴師至將卜師，王曰寧如志何卜焉？此所謂朕志先定者也。洪範曰，汝則有大疑，謀及乃心，謀及卿士，謀及庶人，謀及卜筮，汝則從龜、從筮、從卿士、從庶民、從是之謂大同，此所謂詢謀僉同，鬼神其依，龜筮協從。左傳曰卜不襲吉，周書曰，一習吉，又石奠曰，歲習其祥，祥習則行，不習則增修德而改卜。堯典曰，禹、拜稽首讓于稷契暨皐陶，帝曰，俞！往哉！汝諧。儀禮曰，敢固以辭，原思辭祿子曰毋（考異二、頁一九）。

證：惠氏棟云：

哀十七年曰，王與葉公枚卜，子良以爲令尹。杜預曰，枚卜不斥言，所卜以令龜。哀十八年曰，夏書曰，官占惟能蔽志，昆命于元龜，西伯戡黎曰，格人元龜，罔敢知吉。洪範曰，汝則有大疑，謀及乃心，謀及卿士，謀及庶人，謀及卜筮。禮記表記曰，卜筮不相襲注？襲因也。金縢曰，一習吉，左傳哀十年，趙孟曰卜不襲吉，襲與習古文通。堯典禹拜稽首，儀禮敢固辭，論語子曰毋，堯典往哉汝諧（尚書考、頁三七一九）。

又宋氏鑒尚書辨考（卷三頁四）、孫氏喬年尚書古文證疑（卷四頁一一）、程氏廷祚晚書訂疑（頁一九七六）皆同惠氏之證。驗之惠氏等後儒之證，梅氏之辨是也。

正月朔旦，受命于神宗，率百官若帝之初。

辨：梅氏鷟未辨此語之因襲。今取後儒之語，補證之。

補：簡氏朝亮云：

堯典云：正月上日，受終于文祖，今襲而竄之爾，禮祭法云，有虞氏禘黃帝而郊嚳、祖顓頊而宗堯，今僞者以堯爲神宗也。僞傳云，神宗，文祖之宗廟。則非僞經之本意矣。竹書紀年云，帝舜三十三年，春，正月，夏后受命于神宗，蓋僞與僞同也。書疏云，總率百官，若舜受禪之初也（述疏、頁七一二）。

上錄簡氏之補證詳備可從也。

帝曰：咨禹！惟時有苗弗率，汝徂征！禹乃會群后，誓于師曰：濟濟有衆，咸聽朕命。蠢茲有苗，昏迷不恭，侮慢自賢，反道敗德。君子在野，小人在位。民棄不保，天降之咎。肆予以爾衆士，奉辭伐罪。爾尚一乃心力，其克有勳。

辨：梅氏鷟云：

四罪而天下咸服，在舜攝政之時，堯未徂落之先，其曰竄云者，與分北字同也，其曰三危者與禹貢三危既宅，三苗敍之文同也。因皋陶施象刑惟明，而禹宅之於三危之地，故呂刑曰，無世在下，吳起曰，禹滅之也，豈有薦禹於天之後，而復有命禹徂征之事哉。史記禹會諸侯於塗山。詩濟濟多士，又曰蠢爾蠻荊。大誥曰，今蠢昏迷侮慢，反道敗德，因皋陶苗頑之謂賢否倒置者，頑之甚也，民棄天咎者，頑之驗也。湯誓曰，格爾衆庶，悉聽朕言。大誥曰，予惟以爾庶邦，于伐殷逋播臣，……呂刑鰥寡有辭于苗。詩傳同歌同曰，欲其同心也，……允征亦曰，承王命徂征，其或不恭，昏迷于天象，今予以爾有衆，奉將天罰，爾衆士同力王室。哀二十三年，知瑤伐齊曰，以辭代罪（考異二、頁一九—二〇）。

證：舜命禹征苗之事，其說不可信，元王耕野已先梅氏言之。

王氏耕野云：

說者以征苗攝位後事，謂其稟舜之命，而其末有禹班師振旅，帝乃誕文德一語，夫舜以耄期倦勤而授禹，禹安得舍朝廷之事，而親征有苗，舜又安能以耄期之餘，而誕敷文德，必勵精爲治，克己布政，使所爲有加於前，方可名曰誕敷恐非老年之所能，果能之則不必授禹矣，故嘗謂禹謨必漢儒傅會之書，其征苗之事，亦不可信（註一三）。

惠氏棟云：

顧氏棟高尚書有苗論曰，案經言有苗凡七見，舜典言竄三苗于三危，又曰分北三苗，皐陶謨言何遷乎有苗，禹貢言三苗丕敍，益稷言苗頑弗即功，呂刑言遏絕苗民，無世在下，與僞經禹徂征之事凡七；王耕野（耘）之言曰，謂之分北，則非止于一人，謂其丕敍，則必非止于一君，又謂之遷有苗，謂之遏絕苗民，則不特遷徙其君長，必并其國人，俱徙之，又何來徂征逆命之事邪？三苗旣非在廟之臣，舜必將執其君而竄之，舜執其君，而無所難，禹征以六師，而反不服，迨至來格，既革心向化矣，又從而追其既往，而分北之，豈叛則討之，服則舍之之義。……案耕野之言，深合事理，竊意僞經勦襲孟子之語，……愚因耕野之言，類聚所書有苗之事，謹以一言斷之，曰若說竄與分北，在徂征之後，則苗以逆命，而班師以來格，而遭竄則有苗，當自悔其來，若說在徂征之前，則三苗已丕敍于三危，流竄之地，即有不即功者，亦使皐陶施象刑威之足矣，不煩興師動衆也（尚書考、頁三七一一—三七一二）。

舜命禹征苗之事，至元王充耘乃忽及於事實，謂征苗爲不可信，於是梅鷟因之駁辨，凡數千言，於是顧棟高因之著有苗論，而惠棟亟取之，以證成其說，至此舜命禹征苗之說，其不可信定矣。然王氏、梅氏之辨，亦有未盡矣，今補證之。

補：王氏鳴盛云：

禹奉舜命征三苗作誓，又偃兵修政，舞干羽，三苗自服，古書所載甚多，就予所見，在戰國策卷二十二魏策一策，又卷二十三魏策二策。墨子卷四兼愛下篇。又卷五非攻下篇。韓非子卷十九五蠹篇。荀子卷十議兵篇，又卷十八成相篇。賈子新書卷四匈奴篇。淮南子卷十繆稱訓。又卷十一齊俗訓。又卷十三氾論訓。桓寬鹽鐵論卷九論功篇。劉向說苑卷一君道篇。古文苑卷十五，揚雄博士箴此事散見群書，晉人掇入大禹謨（尚書後案、頁四八二五）。

又補驗之王氏之證，梅氏之辨僞備矣。

三旬、苗民逆命。

辨：梅氏鷟云：

今按征苗一段，雖爲篇長句多而設，然亦宜見此人之薈萃諸書，蹈襲而成文，今略舉一二，戰國策曰，禹祖八裸國。史記吳起曰，昔者三苗氏，左洞庭，右彭蠡，修政不德，禹滅之，遂以爲禹有征苗之事。文王伐崇，三旬弗降，遂有三旬苗民逆命之事。然禹決非輕於奉辭伐罪也。遂有益贊于禹之事，文王有退修教，而復伐之，因壘而降，遂有誕敷文德，舞干羽于兩階，七旬有苗格之事，僖十九年子魚曰，文王聞崇德亂而伐之，軍三旬而不降，退修教而復伐之，因壘而降，宋子魚勸襄公退師，無闕而後動（考異二、頁二一）。

證：惠氏棟云：

「三旬苗民逆命」，閻若璩曰，本左傳文王聞崇德亂而伐之，軍三旬而不降，退修教而復之，因壘而降（尚書考、頁三七一九）。

又簡氏朝亮尚書集注述疏（頁七一三）說同。驗之惠氏等後儒之證，梅氏之辨是也。

益贊于禹曰：惟德動天，無遠弗屆。滿招損，謙受益，時乃天道。

辨：梅氏鷟云：

詩曰，致天之屆，易謙之象傳曰，天道虧盈而益謙，下文有此地道人道鬼神共四句，連類而發，所謂矢口爲經，決非因襲之語，今易「盈」字爲「滿」字，易「虧」字爲「損」字，所以新其字也。易「虧盈」爲「滿招損」，易「益謙」爲「謙受益」，所以奇其句也。藏形匿跡如此，然後以「時乃天道」束之於下，於象傳繁簡順逆迴不同矣！然總之不離一天道虧盈而益謙也（考異二、頁二二）。

證：惠氏棟云：

梅鷟曰，本易之謙尊而光，卑而不可踰。棟按天道虧而益謙，漢易盈爲滿，僞古文益本之此（尚書考、頁三七一九）。

吳氏闓生云：

案益爲王朝之官，何乃從禹征苗邪？梅云，詩致天之屆，易傳，天道虧盈而益謙（尚書大義、頁一一二）。

驗之惠氏、吳氏之證，梅氏之辨是也。

帝初于歷山，往于田，日號泣于旻天，于父母，負罪引慝，祗載見瞽瞍，夔夔齊慄。瞽亦允若。

辨：梅氏鷟云：

此因堯典父頑之頑字，與皐陶謨苗頑弗即工之頑字相同，而遂蒐輯此二條以立言。萬章曰，舜往于田，號泣于旻天，何爲其號泣也。無「于父母」三字，長息問於公明高曰，舜往于田，則吾既得聞命矣。號泣于旻天，于父母，則吾不知也。則舜往于田，號泣于旻天，于父母，此三句恐爲逸書，……首以「帝初于歷山」者，因史記耕于歷山，歷山之人，皆讓畔者故也，……此句乃晉人所增當刪，蓋既云于歷山，正以田而往也。與下句往于田三字，重複有礙，……自見負罪引慝一句……蓋因孟子下文，父母之不我愛，於我何哉之意，而用此四字，於二條之間，亦所以承上起下，負罪二字用廉頗負荊謝罪之意，……引慝之一字，用詩之死矢靡慝之慝，……祇載見瞽瞍，夔夔齊慄者，是乃所以言賢人君子，而意實侮舜……祇載三句見孟子，且有書曰二字，此可知其必爲逸書無疑。……瞽亦允若，孟子書有瞍字爲是，……班師一段，皆暗用文王伐崇事，而失之甚遠。……益必不忍借聖天子允若之父，以例苗頑也。因父頑苗頑二頑字之相同，而蒐輯此二條，以立言者，果信也邪（考異、頁二四）？

證：惠氏棟云：

孟子萬章曰，舜往于田，日號泣于旻天，長息曰日號泣于旻天，于父母，則吾不知也。孟子曰，書曰祇載見瞽瞍，夔夔齊慄，瞽瞍亦允若，趙岐曰書尚書逸篇。棟案此當作舜典中，史臣所記，如此若益贊于禹，無直斥天子父之理，此僞古文之謬也（尚書考、頁三七一九）。

驗之惠氏之證，梅氏鷟之辨是也。

至誠感神，矧茲有苗？禹拜昌言曰：俞！

辨：梅氏鷟云：

誠字見召誥，其不能誠于小民，今休感神，用孝經通於神明句。矧茲有苗，用孝經達於邦家意。「禹拜昌言曰俞」，全用皐陶謨語，……以嘲禹之不能格穌耶？此豈近於人情？益果以禹之至誠，不能感神格苗，何不昌言於未出師之前，及勞師費食三旬之久，然後乃教禹以謙，又教以至誠斯師也，謂之何哉（考異二、頁二四—二五）？

證：惠氏棟云：

「至誠感神」，閻若璩曰，誠字召誥，其丕能誠于小民，今休感神，用孝經通于神明句。「禹拜昌言曰：俞！」，閻若璩曰，全襲用皐陶文（尚書考、頁三七一九）。

驗之惠氏之證，梅氏之辨是也。然亦有未盡之處，今補證之。

補：簡氏朝亮云：

夫益欲禹感苗民，乃以舜感瞽瞍爲辭，而曰，至誠感神。矧茲有苗，是益爲舜臣，而斥天子之父，以爲有苗之不若也。顧氏棟高謂，此非人臣所宜言也。此在後世，則爲大逆不道，是也。而禹猶以昌言拜乎（述疏、頁七一四）？

班師振旅。

辨：梅氏鷟云：

左傳襄十年，荀偃士匄請班師，傳又曰，出曰治兵，入曰振旅。荀子成相篇，舜授禹以天下，尚德推賢，不失序，外不避仇，內不阿親，賢者予禹勞心力。堯有德干戈不用，三苗服，舉舜甽畝任之天下，身休息。莊周曰，舜舞干羽於兩階，而有苗服（考異二、頁二五）。

證：惠氏棟云：

閻若璩曰左傳襄十年，荀偃士匄請班師。又曰，出曰治兵，入曰振旅（尚書考、頁三七一九）。

驗之惠氏之證，梅氏之辨是也。

帝乃誕敷文德，舞干羽於兩階。七旬、有苗格。

辨：梅氏鷟云：

流共工、放驩兜、竄三苗殛鯀也耶？故曰，四罪而天下咸服。晉人竊取淮南子之寓言，亂我聖經之正理。淮南子曰，孫叔敖甘寢而郢人投兵，舜舞干羽於兩階，而有苗來格，晉人愚而受欺，以爲文德格遠，眞聖人過化，……創爲征苗之誓，以演長一篇之文，……眞所謂以「華丹亂窈窕，所以惑世而誣聖者耶？」考之堯典曰，竄三苗于三危，蔡沈曰，舜攝位而竄之，考之皐陶謨禹曰，苗頑弗即工。……初未嘗有命禹徂征之事，……蔡沈曰，禹攝位之後，帝命徂征，而猶逆命其違叛聖經黨邪說，而助之攻正一也。考之禹貢曰，三危既宅，三苗丕敍，與堯典竄三苗于三危之文。特相照應，四罪咸服……而助之攻正二也。既宅丕敍之後，而舊都猶頑不即工，尚安得謂之既宅，謂之丕敍哉，……而逆命抗衡於誓師之久，又不通之說矣，……而助之攻正三也。又考之呂刑曰，……既曰來格矣，又從而遏絕之，不幾遏絕已降者乎？……而助之攻正四也。呂刑又曰，有辭于苗，曰無辭于罰，曰乃絕厥世，皆與堯典、皐陶謨、禹貢合，而獨無一字，及於徂征來格之意，與禹謨合者，……此其違叛聖經黨邪說，而助之攻正五也。……吾嘗原晉人之心矣，以爲非勦取文王伐崇修教，因壘之降，不足以形容舜禹過化存神之妙，……吳起亦言三苗氏，左洞庭右彭蠡，德政不修，禹滅之，亦與伏生書合，所謂滅之者，正禹貢宅之於三危，呂刑遏絕苗民，無世在下之謂也。遏嘗有班師來格之事哉？曰竄、曰分北、曰遷、曰象刑惟明，曰旣宅丕敍，曰遏絕無世，皆伏生書之本經也。曰舞干羽于兩階，七旬有苗格，則大禹謨之古文也。淮南之寓言也（考異二、頁三一）。

證：惠氏棟云：

淮南子曰（繆稱訓），禹執干戚，舞於兩階之間，而三苗服。高誘曰三苗畔禹，禹風以禮樂而服之（尙書考、頁三七二〇）。

又程氏廷祚晚書訂疑（頁一九七六）、宋氏鑒尙書考辨（卷三頁五）、孫氏喬年尙書古文證疑（卷四頁一二）等書證同。驗之惠氏等之後儒之證，梅氏之辨是也。然亦有未盡之處，今補證之。

補：惠氏棟又云：

韓非子五蠹篇，當舜之時，有苗不服，禹將伐之，舜曰不可，上德不厚，而行武非道也，乃修教三年，執干戚舞，有苗乃服。皇甫謐帝王世紀亦云，蓋秦漢之人，皆有是說，但僞書旣稱有苗格，何皐陶謨猶云苗頑弗即功乎？此事亦未可信（尙書考、三七二〇）。

吳氏闓生云：

淮南子氾論訓，舜舞干戚而服有苗。齊俗訓，有苗不服，舜修政偃兵，執干戚而舞之（尙書大義、頁一一三）。

以上各家補證，其旨則本梅之說，而補證之。然禹謨言事雜柔，其記事者以征苗，禪讓爲大端，

揆之古史，並有可疑，但古籍記載不一，故

趙氏鐵寒云：

征伐三苗，爲古代史之大事，而諸書記載，紛紜不一，大別之，荀子議兵：「堯伐驩兜，舜伐有苗，禹伐共工。」呂氏春秋召類云：「舜卻苗民，更易其俗。」淮南子兵略訓云：「舜伐有苗。」修務訓云：「舜南征三苗，道死蒼梧。」依以上四則論，伐苗者爲舜，與禹無干，而戰國魏策之一，記吳起對魏武侯乃曰：「昔三苗之居，左彭蠡之陂，……而衡山在其北，恃此險也，爲政不善，而禹放逐之。」祝云：「禹放逐，則征伐亦必屬於禹也。」又魏策之二云：「禹攻三苗，而東夷之民不起。」墨子兼愛載禹誓云：「禹曰：濟濟有衆，……對諸群以征有苗」又非攻下，記征戰之經過云：「昔者三苗大亂……以征有苗，……苗師大亂，後乃遂幾。」如上所云，戰當爲澈底之勝利。而僞大禹謨所言，則與之相反，其言曰：「帝曰：『咨禹，惟時有苗弗率，汝徂征！』……禹拜昌言曰：俞！班師振旅。帝乃誕敷文德，舞干羽於兩階，七旬有苗格。」周章如是，則伐而未克也。閻若璩古文尚書疏證，以爲「本左傳文王聞崇德亂而伐之，軍三旬而不降」。其說似嫌牽強，因其「三旬」二字外，詞意並不相侔也，大禹謨雖係掇拾衆說而成，但此處當另有所本，（如舞干戚疑本於韓非子五蠹）閻說似不足據。

又云：舜舞干戚而有苗自服者五說，韓非子五蠹篇云：「當舜之時，有苗不服，禹將伐之，舜曰『不可！上德不厚而行武，非道也。』乃修教三年，執干戚舞，有苗乃服。」此爲舜舞干戚服有苗說之祖。淮南子氾論訓則云：「舜執干戚而服有苗。」齊俗訓云：「當舜之時，有苗不服，於是舜修文偃兵，執干戚而舞之。」賈誼新書匈奴篇云：「舜舞干羽而三苗服。」鹽鐵論繇役篇云：「舜執干戚而有苗服。」凡此五說，固以五蠹爲宗，即僞大禹謨：「帝乃誕敷文德，舞干羽於兩階，七旬有苗格」疑其亦以韓非之說爲藍本者。比較觀察，自以征伐之說爲可信，非特墨子之書早出，其說可采，抑且與呂刑、堯典、禹貢諸篇，涉及有苗之紀事，因果相合。其舞干戚，有苗自格之說，顯出儒家懷柔遠人及遠人不服，則修文德以來之。」……有苗之亂，爲民族之鬥爭，相當費時甚久，可能舜征在前而禹征在後（註一四）。

芮逸夫古代苗人考亦云：

我想梁啓超氏的推測在大體上是可信的。他在歷史上中國民族之觀察一文說：「苗族與我族交涉最古，自黃帝迄舜、禹，爲劇烈之競爭，盡人知之。」又在中國歷史上民族之研究一文說：「據書堯典、皐陶謨、禹貢、呂刑，皆言苗事至再至三，則在古代爲我一勁敵可知。堯典稱『分北三苗』，又稱『竄三苗』，呂刑稱『遏絕苗民』。大抵當堯、舜、禹之際，苗族已侵入我族之根據地，故以攘斥之爲唯一大業。」梁氏之說，雖然只是一種推測，但這個推測，不僅是合理的，而且是和史實大致相符合的。現在我們可以總結起來說，我國古籍所記，約當四千餘年前，有一種稱爲苗，苗民，有苗或三苗的部族，他們曾和堯、舜、禹爲敵。一度被舜擊敗，竄往西方，再度被禹殲滅，流亡南海（註一五）。趙氏、芮氏兩家，亦可謂申論梅氏鷟之說，梅氏曾云：「吳起亦言三苗氏，……德政不修，禹滅之，亦與伏生合，所謂滅之者，正禹貢宅之於三危，呂刑遏絕苗民，無世在下之謂也。」（考異二、頁三二）。故趙鐵寒氏亦云：堯典云，「分北三苗。」又云：「竄三苗於三危」是則分北之去處。禹貢所云：「三危既宅，三苗丕敍。」則爲竄於三危以後之甯貼現象。呂刑所言：「遏絕苗民，無世在下。」又云：「上帝不蠲，降咎於苗，苗民無辭於罰，乃絕厥也。」皆與非攻所云，有苗敗戰，「後乃遂幾」者，完全相合。據此可知有苗之服，基於征伐，而非由行德教，舞干戚之又一佐證。補驗之趙氏、芮氏之論證，梅氏辨禹謨之因襲，可謂備矣。

五子之歌

辨：梅氏鷟云：

今按尚書序與五子之歌本序不同，尚書序與離騷左傳皆合，本序皆竊取左傳之文。離騷曰，夏康娛以自縱不顧，難以圖，五子用失乎家衖，初未言太康畋于洛汭，十旬弗反也。以理推之，魏絳引羿以戒晉悼好田，而不引太康，……此晉人蒐羅逸書，以補此篇，見襄四年，魏絳曰，夏訓有之，有窮后羿，遂竊后羿之田，以爲太康之田，其曰有窮后羿一句，全用左傳文也。因民一句，左傳因夏民以代夏政也，弗忍二字，用左傳其子不忍食諸，二字反用之也……畋于二字用左傳，虞羿於田之意也。十旬弗反，用左傳淫於原獸之意也，……又用離騷羿淫游，以佚畋改淫游作盤游，改佚作逸，曰有洛之表者，疏小序洛汭二字，傒于洛之汭，即須于洛汭也，不曰昆弟，而曰厥弟，以所繼立者，又小序但言失邦，不言羿距，又左傳因夏民以代夏政，言仲康帝相之後，非太康時也（考異二、頁三三）。

證：閻氏若璩云：

五子之歌，有窮后羿，因民弗忍，距於河是也。左氏襄四年，晉侯欲伐戎，魏絳曰，勞師於戎而弗救陳，是棄陳也。諸華必叛，戎禽獸也，獲戎失華，無乃不可乎？夏訓有之曰，有窮后羿，公曰，后羿何如，魏絳遂不使復引夏訓止據其事以對曰，昔有夏之方衰也。后羿自鉏遷於窮石云云，未引虞箴，仍及在帝夸羿冒於原獸，此乃古人文章密處，今試思有窮后羿下，其語可得知乎？不可得知，果是因民弗忍距於河，而魏絳將引此鶻突語，以告悼公乎？此又當為一破綻耳（疏證一、頁二八〇－二八一）

王氏鳴盛云：

即以此節考之，序曰：太康失邦，不言失邦為何？離騷啓九辨與九歌兮，夏康娛以自縱不顧，難以圖後兮，五子用失乎家巷，王逸注言，太康不遵禹啓之樂，更作淫聲，放縱情慾，以自娛樂不顧患難，不謀後世，卒以失國，兄弟五人，家居閭巷，失尊位也。墨子非樂篇云：于武觀曰，啓子淫溢，康樂野于飲食，將將銘莧磬，以力湛濁于酒，渝食于野，萬舞奕奕，章聞于天，是太康失邦以淫樂，不以久畋其謬一也。襄四年，魏絳對晉侯和戎之事云，夏訓有之曰，有窮后羿，此乃截半句法。蓋魏絳將諷晉侯好田，因論和戎乘便欲引羿好田之國事以爲戒，晉侯怪其方論和戎，忽及后羿，其言不次，……是則魏絳之言，始終欲引羿好田之國，以爲戒，……乃僞撰者，欲實太康罪狀，而未之考，一時無措于有窮后羿句下，竟無羿事，反取羿之田，移之太康之身，其謬二也（尚書後案、頁四八二六）。

驗之閻氏等後儒之論證，可知梅氏之論辨是也。然學者亦有爲梅氏增益者，今補證之。

補：惠氏棟云：

「乃盤遊無度」，無逸曰，文王不敢盤于遊田。「畋于有洛之表」，汲郡古文曰，帝太康元年畋于洛表，羿入居斟尋。「有窮后羿」，左傳襄四年夏訓有之曰，有窮后羿（尚書考、頁三七二〇）。

因民弗忍。

辨：梅氏鷟云：

昭二十六年，王子朝使告於諸侯曰，王心戾虐，萬民弗忍（考異二、頁三三）。

證：惠氏棟云：

書有古人䤸引，忽隔以他語，五千載莫能知，而忘入古文中，庚續之者，五子之歌有窮后羿，因民弗忍，距於河是也（尚書考、頁三七二〇）。

朱氏駿聲云：

萬民弗忍居王于彘，左昭二十六年傳周王子朝稱厲王之事也（註一六）。

驗之惠氏、朱氏之說，梅氏之辨是也。

厥弟五人，御其母以從。

辨：梅氏鷟云：

史帝啓崩，子太康立，帝太康失國，昆弟五人，須于洛汭，作五子之歌（考異二、頁三三）。

證：閻氏若璩云：

余向以史遷受逸書二十四篇內有胤征，見其文與書小序無異，故以序爲可信，載入夏本紀，今且見五子之歌，序亦然，序曰，太康失邦，此必太康淫樂縱欲，羿以彊諸侯，代有夏政，遂喪其宗社。又曰，昆弟五人，須于洛汭，作五子之歌。此必仲康等以羿實逼處相率出奔，須于洛水之北，作歌敍怨，必非太康以久畋失國，又必非兄弟五人，盡從而田，且奉垂白之母以行也者，……景山公以書來曰，近讀五子之歌，至厥弟五人，御其母，以從插此冗句，殊不可曉，……余曰，禹言予創若時，娶于塗山，辛壬癸甲，啓呱呱而泣，蓋禹自堯七十二載，乙卯受命平水土，則娶塗山氏女，當在丁巳戊午啓生，即次歲方去，故中間數年得三過其家門，啓以生于戊午計歷堯之崩，與舜之崩，俄而禹崩，及啓即位改元，歲丙戌年已八十九矣，所以享國僅七年，壽九十五而終，竊以是時，其元妃未必存，況又歷太康十九年，歲辛亥方有失國之禍，使啓若存壽一百一十四歲，……仲康等御其母以從，母年當一百一十有四矣（疏證七、頁四六九—四七〇）。

驗之閻氏之證，梅氏之辨是也。惟五子與五觀之考辨，其言未盡，今援後儒之說以補證之。

補：王氏鳴盛云：

再考墨子所謂武觀，武五通，武觀即五觀，五觀即五子，以其封于觀，故稱五觀。水經注九卷，淇水又屈逕頓丘縣故城南，古文尚書以爲觀地矣，蓋太康弟五君之號，曰五觀者也。逸周書卷之嘗麥解曰，其在夏之五子，忘伯禹之命，假國無正用，胥興作戰，遂凶厥國，皇天哀禹賜以彭壽，思正夏略五子武觀也。彭壽彭伯也。汲郡古文云帝啓十一年，放王季子武觀于西河，十五年武觀以西河叛，彭伯壽帥師征西河，武觀來歸，注云，武觀五觀也。周在今頓丘衞縣，紀年晉人僞撰，不可盡信，而此條則與逸周書合，當是也（尚書後案、頁四八二六）。（寬案漢志東郡有畔觀縣，葢以當畔故名。魏世家惠王三年，齊敗我觀津，徐廣亦曰，觀今衞縣。）

孫氏星衍云：

楚語士亹云，堯有丹朱，舜有商均，啓有五觀，注云，五觀，啓子太康昆弟也，觀、洛汭之地。……案春秋左氏昭元年傳云，夏有觀扈，商有姺邳，周有徐奄。周書嘗麥解云，其在殷五子……思正夏略。楚辭離騷云：啓九辨與九歌，……墨子非樂篇云，于武觀曰云云，……

潛夫論五德志篇云，夏后啓子太康更立，兄弟五人，皆有昏德，不堪帝事，降須洛汭，是謂五觀。段氏玉裁云，墨子作武觀，楚語作五觀，武即五也。以左傳斟灌，夏本紀作斟氏戈氏，若于或言若軻，桓表讀如和表，例之歌即觀也，五子之歌，即五觀也，之歌，蓋謂往觀也，觀地，即雒汭，韋注最明，然則觀地不在西河，漢東郡畔觀縣，非洛汭觀地也，……案段氏解，誠有識之言，蓋啓子五人，兄弟五人更立，必是兄終弟及，安得同時作歌（註一七）。

案閻氏百詩尚書古文疏證、惠氏古文尚書考等書皆言五子淫樂，並言僞書之謬，設證明確。然王氏鳴盛尚書後案、全氏祖望經史答問、孫氏星衍尚書古今文注疏引段氏玉裁尚書考異等書同云五子即五觀，五觀即武觀，五同武，五子非五人，其說可從也。惟俞樾群經平議駁之（頁三九四）。

其一曰：皇祖有訓，民可近，不可下。民惟邦本，本固邦寧。

辨：梅氏鷟云：

周書單襄公曰：求蓋人其抑下滋甚，故聖人貴讓。且諺曰：獸惡其罔，民惡其上。書曰：民可近也。而不可上也。今改上爲下字。泰族訓國主之有民也，猶城之有基，木之有根，根深則本固，基美則上寧（考異二、頁三三）。

證：王氏鳴盛云：

周語單襄公引書曰，「民可近也，而不可上也」，韋昭注民可以恩，意近，不可高，上上陵也，上讀上聲，今乃改爲下，不知其上文云，夫人性陵上者也。又云，獸惡具網，民惡其上，下文云，卻至在七人下，而欲上之，其有七怨，則此句，必當作上，不當作下。淮南子泰族訓，國主之有民也，猶城之有基，基長則土寧（尚書後案、頁四八二六）。

驗之王氏之證，梅氏之辨是也。然亦有未盡之處，今補證之。

補：簡氏朝亮云：

皇祖者，襲禮儀爲之也。……則所引書文，必當作上也，不當作下也，僞者惟圖困韵爾。此王氏所辨其僞也，且尤不可不辨者，書之本文，謂民不可上也，反而言之，是民可下也，易所謂以貴下賤，大得民也，即可近之義也，今僞者竄之，謂民不可下，反而言之，是民可上也，則悖矣！不其害哉（述疏、頁七一五）。

補驗之簡氏之證，梅氏之辨可從也。

予視天下，愚夫愚婦，一能勝予，一人三失，怨豈在明？不見是圖。予臨兆民，懍乎若朽索之馭六馬。爲人上者，奈何不敬？

辨：梅氏鷟云：

中庸夫婦之愚，晉語知伯國名，夏書有之曰，一人三失云云，周書有之曰，怨不在大，亦不在小，夫君子能勤小物，故無大患，成十六年單子曰，於七人之下，而求掩其上，怨之所聚，亂之本也，多怨而階亂，何以在位。夏書曰，怨豈在明，不見是圖，將煩其細也，今而明之其可乎？論語曰，以臨其民，淮南子君子之居民上，若以朽索馭奔馬。召誥曷其奈何弗敬？

史克曰，傲狠明德，以亂天常（考異二、頁三三—三四）。

證：惠氏棟云：

「愚夫愚婦」，禮中庸曰，夫婦之愚，「一人三失，怨豈在明，不見是圖」，晉語夏書有之曰，一人三失，怨豈在明，不見是圖。韋昭曰，三失三失人也，明者也，不見未形也。成十六年，夏書曰，怨豈在明，不見是圖，將愼其細也。「奈何不敬」，召誥曰，曷其奈何不敬（尚書考、頁三七二〇）。

王氏鳴盛云：

淮南子說林訓，君子居民上，若腐索御奔……晉人采取其語，以入此篇，但改「奔馬」爲「六馬」（尚書後案、頁四八二六）。

驗之惠氏等後儒之證，梅氏之辨是也。然亦有未盡之處，今補證之。

補：王氏鳴盛云：

續漢書輿服志，劉昭注引其文而辨之云，逸禮王度記曰，天子駕六馬，諸侯駕四，大夫三，士二，庶人一。易京氏春秋公羊氏說同，許愼從之。毛詩天子至大夫同駕四，士駕二。鄭康成駁異義從之，史記曰，秦始皇以水數制乘六馬，今夏書言六馬，其僞顯然（尚書後案、頁四八二八）。

補驗之王氏之證，梅氏之辨可謂備矣。

其二曰：訓有之，內作色荒，外作禽荒，甘酒嗜音，峻宇彫牆，有一于此，未或不亡。

辨：梅氏鷟云：

越語范蠡曰，王其且馳騁，弋獵無至禽荒，宮中之樂，無至酒荒，肆與丈夫觴飲，無忘國常。戰國策儀狄作酒，禹飲而甘之。宣元年晉靈公不君，厚斂以彫牆（考異二、頁三四）。

證：惠氏棟云：

「內作色荒，外作禽荒」越語曰，出則禽荒，入則酒荒。「甘酒嗜音，峻宇雕牆」戰國策儀狄作酒。禹引而甘之，左傳宣元年，晉靈公厚斂，以彫牆（尚書考、頁三七二〇）。

驗之惠氏之證，梅氏之辨是也。然其辨簡略，故補證之。

補：惠氏棟又云：

「有一于此，未或不亡」閻若璩曰，戰國策梁王魏嬰觴諸侯於范臺酒酣。魯君避席擇言曰，昔者帝女令儀狄作酒，而美進之禹，禹飲而甘之，遂疏儀狄絕旨酒曰，後世必有以酒，亡其國者，又齊桓公曰，後世必有以味亡其國者，晉文公曰，後世必有以色亡其國者，楚王曰，後世必有以高臺陂池，亡其國者，今主君之遵，儀狄之酒云云，有一于此，足以亡其國，今王君兼此四者，可無戒與，棟又案郊特牲曰，好田好女者亡其國（尚書考、頁三七二〇）。

由上補證，可知梅氏之辨誠可信也。

其三曰：惟彼陶唐，有此冀方。今失厥道，亂其紀綱。乃底滅亡。

辨：梅氏鷟云：

左傳哀六年，夏書曰，惟彼陶唐，帥彼天常，有此冀方，今失其行，亂其紀綱，乃滅而亡。此語今以爲五子之歌第三章，但歌中無「帥彼天常」一句，下亦微異，其行歌作厥道「乃滅而亡」歌作「乃底滅亡」。杜預注逸書，滅亡謂夏桀，唐虞及夏同都冀州，不易地而亡。……惟王肅云太康時也，……今按少「帥彼天常」一句，改其行爲厥道者，則故爲繆亂，改「乃滅而亡」爲「乃底滅亡」，則欲遷就其說，以當太康之世，然不知此章之體，句句用韻，今「厥道」一句獨不用韻，則其不知而妄改，卒亦莫能掩（考異二、頁三五）。

證：王氏鳴盛云：

哀六年，左傳孔子論楚昭王，不祭河神事，引夏書云，惟彼陶唐，……乃滅而亡。家語正論與左傳同，未嘗改其行爲厥道。僞作古文者，旣以己意改厥道，而又删帥彼天常一句，又改「乃滅而亡」，爲「乃底滅亡」。左傳杜注云，謂夏桀也，彼疏云，此在夏書五子之歌第三章，賈、服、孫、杜皆不見古文，以爲逸書解爲夏桀之時，惟王肅云，太康時……愚按賈、服諸大儒，並以爲夏桀，豈不足證。疏雖云王肅云太康時，但肅注家語仍云謂夏桀，疑皇甫謐妄摭入五子之歌，又妄改肅書注耳，且此章之體，句句用韻，若作厥道，則何獨無韻，已屬非是，至文十八年，史克曰，傲很明德，以亂天常，則天常乃古語，删此一句，便覺無力尤妄也。又太康見拒，尙未滅亡，故復改之，以爲其勢將至滅亡，欲以此遷就其說皆非也（

尚書後案、頁四八二八）。

又程氏廷祚晚書訂疑（頁一九七七）、簡氏朝亮尚書集注述疏（頁七一五）、崔邁讀僞古文尚書黏簽標記（卷二頁二三）等書皆從梅氏之說，故梅氏之辨言而有徵，可信從也。案前數章意旨略同，國家當危亂之時，五子之徒作此怨詈之語，亦不合情理也。

其四曰：明明我祖，萬邦之君。有典有則，貽厥子孫，關石和鈞，王府則有。荒墜厥緒，覆宗絕祀。

辨：梅氏鷟云：

詩明明天子。又曰，萬邦之方。周官六典八則。詩貽厥孫謀。周語單穆公曰，夏書有文曰，關石和鈞，王府則有，韋昭注逸書，單穆公下文又曰，且絕民用，以實王府，猶塞川原，而爲潰汙也，其竭也，無日矣（考異二、頁三五）。

證：惠氏棟云：

詩曰，貽厥孫謀，以燕翼子，閻若璩曰，邦之六典八則，首見天官大宰小宰之職。又見司會司書，乃歌大禹曰，有典有則，豈周因于夏禮歟，抑夏歌襲周禮也。周語單穆公曰，夏書有之曰，關石龢鈞，王府則有。韋昭曰，夏書逸篇也，關門關之征也，石今之斛也，言征賦調均，則王之府藏，常有也，一曰關衡也（尚書考、頁三七二〇）。

又簡氏朝亮尚書集注述疏（頁七一五）、吳氏闓生定本尚書大義（頁一一四）等書皆從梅氏之說，故云梅氏之辨可從也。然亦有未盡者，今補證之。

補：王氏鳴盛云：

周語單穆公引夏書曰，關石龢鈞……一曰關衡也。此解與傳疏迥別，左思魏都賦，關石之所和鈞，財賦之所底，愼亦用韋解，惟李善引賈逵國語註，關通也。此說似是，僞孔傳之所本（尚書後案，頁四八二九）。

簡氏朝亮云：

多士云：有册有典。……史記云，窬絕祀，皆其所襲也。有與祀韻者，有讀若以古音也。今詩可考焉（述疏，頁七一五）。

其五曰：嗚呼曷歸！予懷之悲。萬姓仇予，予將疇依？鬱陶乎予心，顏厚有忸怩。弗愼厥德，雖悔可追。

辨：梅氏鷟云：

詩奚其適歸，我心傷悲，史撫我后也，虐我讎也，家語夏商之民親湯武，而讎桀紂。孟子象曰，鬱陶思君爾。忸怩詩曰顏之厚矣，又晉語平公射鴳忸怩顏，詩克愼其德，哀十六年單平公曰，悔其可追（考異二，頁三五—三六）。

證：閻氏若璩云：

爾雅釋詁篇，鬱陶繇喜也，郭璞注引孟子曰，鬱陶思君。禮記曰，人喜則斯陶，斯陶詠，詠斯猶，猶即繇也，邢昺疏皆謂歡悅也，鬱陶者，心初悅而未暢之意也。又引孟子趙氏注云，象見舜正在牀鼓琴，愕然反辭曰，我鬱陶斯君，故來爾辭也。忸怩而慙，是其情也。……據此則象曰，鬱陶斯君爾，乃喜而斯見之辭，……孟子固已明下註脚曰，象喜亦喜，蓋統據上二段情事，其先言象憂亦憂，特以引起下文，非眞有象憂之事，大凡凶惡之人，僞爲憂尚易，僞爲喜實難，故象口雖云然，而色則否。趙氏注一段，頗爲傳神，僞作古文者，一時不察，幷竄入五子之歌中曰，鬱陶乎予心，顏厚有忸怩，不特敍議莫辨，而且憂喜錯認，此尚可謂之識字也乎（疏證四、頁三一九）？

王氏鳴盛云：

國語晉平公欲殺豎，襄叔向曰，君其必速殺之，勿令遠國，君忸怩顏乃趣赦之。注曰，忸怩慙貌，此忸怩亦記者，敍事之詞，不入口氣。與孟子一例。乃知五子之歌中曰，顏厚有忸怩，其謬顯然（尚書後案、頁四八二九）。

驗之閻氏等後儒之證，梅氏之辨是也。

允征（胤征、嗣征）

惟仲康肇位四海，允（胤）侯命掌六師，羲和廢厥職，酒荒于厥邑，允（胤）后承王命徂征。

辨：梅氏鷟云：

史記帝仲康時，羲和湎淫廢時亂日，允往征之作允征。詩肇域彼四海，天子六師，命掌六師者，命之爲司馬也。堯典咨汝羲暨和，蓋掌歷象，授時之官也。允侯如呂刑三后由諸侯而入爲公卿也。酒荒于厥邑者，沉湎于酒也。大禹謨汝徂征（考異二、頁三六）。

證：宋氏鑒云：

敬考孔壁增多有胤征，其篇久亡于東漢之初，惟史記載其序，于仲康之世，或從安國問而知之，或佗有所受，乃僞作者，即據史記定爲仲康，而依傍序文，兼徵左氏傳孟春日食二事，譔成其篇（考辨、卷三、頁六）。

簡氏朝亮云：

史記云：帝太康崩，弟中康立，又云，帝中康時，羲和湎淫，廢時亂日，允往征之，作允征。蓋從書序也。史記集解引鄭云，允，臣名，則允非國名也。今僞者乃以爲允侯乎？允，而爲臣名也。故史記言允往征之。允，而爲國名也。則謂往者，國能自往乎？史遷通古文者也，其言豈妄邪（述疏、頁七一六）？

驗之宋氏等後儒之證，梅氏之辨是也，然亦有未盡者，今補證之。

補：簡氏朝亮又云：

顧命云，允之舞衣。又云，兌之戈。和之弓。垂之竹矢。夫允也，兌也，和也，垂也，皆臣名也。當一例也（述疏、頁七一六）。

黃氏增林云：

尚書集注音疏，江聲云，按周書顧命，允之舞衣，與兌之戈，和之弓，垂之竹矢，皆以造此器者之人名其器。故鄭注彼文云，允也、兌也、和也、垂也，皆古人造此物者之名也。兌和雖不可考，垂則舜時共工之名，則允亦是人名，僞孔氏故與鄭韋異，以允爲國名，且造僞經稱允侯，又以堯典允子，顧命允之舞衣，亦皆爲國謬甚矣（僞古文尙書箋注、頁七—八）。

告于衆曰：嗟予有衆！聖有謨訓，明徵定保。

辨：梅氏鷟云：

大禹謨，濟濟有衆。甘誓，嗟六事之人。襄二十一年，祁奚曰，詩云，惠我無疆，子孫保之。書曰：聖有謨動，明徵定保，杜注逸書，言聖哲有謀功者，當明定安之也。又曰，夫謀而鮮過，惠訓不倦者，叔向有焉。杜注謀而鮮過，有謨動者也，惠訓不倦，惠我無疆也。……但謀而鮮過，承謨動而言，惠訓不倦，承惠我無疆而言，則我的然知杜注之是也。然則晉人之改動爲訓者，實因惠訓之訓字而改也。古人之引詩書必不奪書以與詩也，且書曰之上，未有夏字訓字，不換不可以入允征（考異二、頁三六—三七）。

證：王氏鳴盛云：

襄二十一年，晉祁奚因叔向被囚語，詩曰惠我無疆，子孫保之，書曰聖有謨動！杜注詩周頌言文武有惠訓之德，……逸書。……今允征之文，以動爲訓，古書每多異文，一字牴牾，似無可疑，而吾則以爲此經，必是本作動，非祁奚所改作訓者，眞是僞撰允征人之意耳。蓋祁奚並引詩書，縱使以訓爲動，亦必不以書爲詩，惠訓二字，原以解詩，苟如今允征則反當以解書矣。明係僞撰者因作訓，方與罪狀義和文義相合，遂併左傳惠訓之訓字，竄入之而不自覺，其大露破綻也。（說本梅鷟）（尙書後案、頁四八三〇）。

驗之王氏之證，梅氏之辨是也。

先王克謹天戒，人臣克有常憲，百官修輔，厥后惟明明。

辨：梅氏鷟云：

董子曰，天心仁愛，人君先出，怪異以戒之，常憲即成憲。五子之歌，又言明明我祖，詩明明天子（考異二、頁三七）。

證：簡氏朝亮云：

漢書董仲舒傳云，國家將有失道之敗，而天迺先出災害以譴告之，不知自省，又出怪異以警懼之，此天戒之義，本乎春秋者也。故僞者襲焉，詩皇矣云，修之平之，言修治也，孟子云，相與輔相之。詩江漢云，明明天子，皆其所襲也（述疏、頁七一七）。

驗之簡氏之證，梅氏之辨說可從。

每歲孟春，遒人以木鐸徇于路，官師相規，工執藝事以諫。其或不恭，邦有常刑。

辨：梅氏鷟云：

襄十四年，師曠引夏書曰，遒人以木鐸徇於路，官師相規，工執藝事以諫，正月孟春，於是乎有之諫失常也。周禮小宰正歲帥治官之屬，觀治象之法，徇以木鐸曰，不用法者，國有常刑(考異二、頁三七)。

證:惠氏棟云:

襄十四年夏書曰,遒人……於是乎有之,諫失常也。閻若璩曰:周禮小宰職正歲,帥治官之屬,……國有常刑(尙書考、頁三七二〇)。

宋氏鑒云:

敬考羲和之罪,序稱其湎淫廢時亂日,則征之者,自當就廢時亂日發論,今無端援師曠引書語于胤侯誓中,與羲和之職,絕不相蒙,不得已先之曰,百官修補,厥后惟明,明承之曰,其或不恭,邦有常刑,爲之傳曰,言百官廢職服大刑,然上三者固不足以盡百官之職,且皆規諫之事,非常職也,其襲左不可掩矣(考辨卷四、頁一八)。

又簡氏朝亮尙書集注述疏(頁七一七)亦同。驗之惠氏等後儒之證,梅氏之辨是也。

惟時羲和,顚覆厥德,沈亂于酒,畔官離次,俶擾天紀,遐棄厥司。乃季秋月朔,辰弗集于房,瞽奏鼓,嗇夫馳,庶人走。羲和尸厥官,罔聞知,昏迷于天象,以干先王之誅。

辨:梅氏鷟云:

詩顚覆厥德,沈湎于酒,畔官違其職也,離次失其位也。洪範五紀,歲日月星歷數也以其在天,故曰天紀,違棄其所主之事,即畔官離次也。左傳昭十七年,日過分而未至三辰有災,於是乎百官降物,君不舉辟,移時樂奏鼓,祝用幣,史用辭,故夏書曰,辰不集於房,瞽奏鼓，嗇夫馳，庶人走，此月朔之謂也。詩善人載尸，書若罔聞知（考異二、頁三七—三八）。

證：閻氏若璩云：

日食之變，爲人君所當恐懼，修省然爲災之尤重者，則在建巳之月，蓋自冬至一陽生，至此月而六陽並盛，六陰並消，于此而忽以陰侵陽，是爲以臣侵君，故先王尤忌之，夏家則瞽鼓，嗇夫馳，庶人走，周家則樂奏鼓，祝用幣，史用辭，雖名有四月、六月之別，皆謂之正月，正月者正陽之月，非春王正月之月也。左氏昭十七年云云，太史首言，此禮在周之六月，繼即引夏書以證夏禮，亦即在周之六月朔，周之六月，是爲夏之四月，可謂反覆明切矣，而僞作古文者，于胤征篇撰之曰，乃季秋月朔辰弗集于房，瞽奏鼓，嗇夫馳，庶人走，不知瞽奏鼓等禮，夏家正未嘗用之于九月也（疏證一、頁二七六）。

簡氏朝亮云：

詩抑云，顛覆厥德，荒湛于酒。鴻範云，五紀，三曰日四曰星辰，此其所襲也（述疏、頁七一七）。

驗之閻氏、簡氏之證，梅氏之辨是也。然後儒又有增益者，以廣其證。今補證之。

補：惠氏棟云：

「顛覆厥德」孟子曰，太甲顛覆，湯之典刑。「乃季秋月朔……庶人走」汲郡古文曰，帝仲康五年，命胤侯帥師征羲和，昭十七年夏書曰，辰不集于房，瞽奏鼓，嗇夫馳，庶人走，此月朔之謂也。案梅賾據汲郡書，不用左氏四月說（尚書考、頁三七二〇—三七二一）。

簡氏朝亮又云：

「畔官離次」荀子君道篇云，論德而定次，量能而授官，釋詁云，俶、始也。尸、至也，此其所襲也。今考詩板云：善人載尸，然則以尸言不善人可乎？此僞經之本意也。竹書紀年云，帝仲康五年，秋、九月、庚戌朔，日有食之，其言秋九月者，與僞古文同，其言五年者又不同，蓋僞古文自仲康肇位言之，則元年也（述疏、頁七一七）。

據簡氏之說，僞作者乃襲左氏爲是。僞古文尚書胤征篇之文，雖然短短數行，卻是中國天文學史上重大問題。誠如黃沛榮云：「歷來研究天算學者，大多根據它來推定夏代的日蝕，有的更利用它來證明『夏正建寅』。現在我們撇開各家的異說不談，先來檢討一下推定「仲康日食」的基本問題，因爲理論基礎若不穩固，則凡是從這種理論衍出來的結果，無疑是落空的，因爲「仲康日食」的推算，卻賴僞古文尚書胤征篇的寥寥數語。推算日食的學者們，根據『辰弗集于房』以下十四字，以爲這是描寫日全蝕時營救忙亂的情況，再根據『惟仲康肇位四海』一語，而斷定這次日食發生在夏代的仲康元年，然後又根據『季秋月朔』的話來推斷它是在夏歷的季秋九月。古文尚書胤征篇是晉人僞作的文獻，其中有關日食的記載，除了『辰弗集于房』以下十四字，是左傳昭公十七年引夏書，而由僞古文尚書的作者所襲取外，『惟仲康肇有四海』及『乃季秋月朔』兩語，都是僞作者所憑空杜撰的。從左傳原文看，這次日食實非發生在季秋九月」。太史在反駁平子的時候，引用夏書來證明夏代四月—即是周正的六月，這次夏書所記載的日蝕是發生在孟夏四月了。劉朝陽氏雖然有見及此，然而爲了牽合左傳和僞古文尚書兩種不同的說法，故創出了這次日食發生在當時『季秋四月』的怪論。這樣說來，在夏代雖或有日全食的現象，但它的年、月，已經是無可稽考了（註一八）。

政典曰：先時者殺無赦，不及時者殺無赦。

辨：梅氏鷟云：

荀子君臣篇，書曰，先時者殺無赦，不逮時者殺無赦，今作政典（考異二、頁三八）。

證：閻氏若璩云：

先時者殺無赦，不及時者殺無赦，此出荀子君道篇所引書曰（韓詩外傳作周制曰）先時者殺無赦，不逮時者殺無赦，是整乃見於荀子也（疏證一、頁二七六）。

驗之閻氏之證，梅說可從；然論辨者又有所增益，今補證之。

補：惠氏棟云：

「政典曰……」周禮太宰掌建邦之六典，四曰政典（尚書考、頁三七二一）。

王氏鳴盛云：

韓詩外傳卷六引周制曰，先時者死無赦，不及時者死無赦，若然荀子所引，乃周書也。梅氏載之允征，又以爲政典之言，其後僞造三墳者，遂以政典爲三皇時書，皆梅氏作俑也（尚書後案、頁四八三三)。

今予以爾有衆，奉將天罰。爾衆士同力王室，尚弼予！欽承天子威命。

辨：梅氏鷟云：

大誥惟予以爾庶邦，甘誓恭行天罰，周官又言弼予一人，湯誥欽承天道(考異二、頁三八)。

證：案梅氏鷟辨僞以伏書爲本經，故辨僞則首以伏書爲據。然學者亦有異說，今補證之。

補：惠氏棟云：

湯誓曰，致天之罰，牧誓曰，惟恭行天之罰(尚書考、頁三七二一)。

簡氏朝亮云：

詩敬之傳云，將行也。管子云，衆寡同力，僖二十八年左傳云，皆奬王室，多士云，將天明威致王罰(述疏、頁七一八)。

梅氏之辨，合以惠氏、簡氏之證，言因襲可謂詳矣。

火炎崑岡，玉石俱焚。天吏逸德，烈于猛火。殲厥渠魁，脅從罔治，舊染汚俗，咸與惟新。

辨：梅氏鷟云：

晉書袁宏三國名臣贊云，滄海橫流，玉石同碎。又劉琨傳，火炎崑岡，可見是晉人語。又漢董卓傳論曰，崑岡之火，自茲而焚，孟子惟天吏，則可以伐之。盤庚惟汝逸德，立政庶習逸德之人，左傳子產曰，火烈人望而畏之，渠魁見漢書，殲見左傳，脅從非首惡者也。孟子同乎流俗，合乎汚世。大學引詩周雖舊邦，其命惟新。舊染即舊邦之染（考異二、頁三八）。

證： 閻氏若璩云：

司馬法曰，入罪人之地，見其老弱，奉歸無傷，雖遇壯者，不校勿敵，敵若傷之，藥醫歸之，其以仁爲本，如此安得有火炎崑岡，玉石俱焚，如後世檄文，以兵威恐敵之事，旣讀陳琳集有檄吳將校部曲文末云，大兵一放，玉石俱碎，雖欲救之，亦無及已，三國志鍾會傳，會移檄蜀將士吏民曰，大兵一發，玉石俱碎，雖欲悔之，亦無及已，會與琳不相遠，辭語幷同，足見其時，自有此等語，而僞作者，偶忘爲三代王者之師，不覺闌入筆端，則此書之出魏晉間又一佐證也（疏證四、頁三三三）。

王氏鳴盛云：

火炎崑岡二句，見陳壽三國志，又晉書袁宏三國名臣贊云，又劉琨傳同，又後漢書董卓傳論云，崑岡之火，自茲而焚，可見此二句，乃魏晉間人常語，但以夏時之言，則大不類（尚書後案、頁四八三三）。

簡氏朝亮云：

孟子云，無敵於天下者，天吏也，蓋其德無敵焉，今言逸德，猶稱之曰天吏，何邪？易離上九云，王用出征，有嘉折首，獲匪其醜，无咎，蓋醜，類也。脅從，亦類也。史記司馬相如傳云，誅其渠帥，渠猶大也。禮檀弓注云，魁，猶首也，皆其所襲也。孟子云，同乎流俗，合乎汙世，又云，亦以新子之國。詩文王云，其命維新，亦其所襲也（逑疏、頁七一八）。驗之閻氏、王氏、簡氏之證，梅氏之說是也。

嗚呼！威克厥愛，允濟！愛克厥威，允罔功。其爾衆士，懋戒哉！

辨：梅氏鷟云：

今按左傳昭二十三年，吳公子光曰，吾聞之曰，作事威克其愛，雖小必濟，而不云，夏書有之曰，但改其字作厥字，改「雖小必」三字爲「允」字，泰誓又言，明誓衆士。召誥其眷命用懋，大禹謨又曰懋哉（考異二、頁三九）。

證：閻氏若璩云：

論「威克厥愛允濟」四句曰，此襲左傳吳公子光曰，吾聞之曰，作事威克其愛，雖小必濟，任威滅愛之言，必是祖述桀紂之殘虐，而云者，且又出亂臣賊子口，其不可爲訓明甚，光所與處者，鱄諸之輩，所習謀者，弒逆之事焉，今作僞者，但以吾聞之曰，爲書辭，不知旣載聖經生心而害政，廢政而害事，罪可勝誅乎？……東坡書傳，先王之用威愛，稱事當理而已，不惟不使威勝愛，若曰與其殺不辜，寧失不經，又曰不辜而過，寧僭無濫，是堯舜已來，常務使愛勝威也。今乃謂威勝愛，則事濟，愛勝威則無功，是謂堯舜不如申韓也，而可乎（疏證八、頁五〇八）？

又王氏鳴盛尚書後案（頁四八三三）、孫氏喬年尚書古文證疑（卷四頁四）、吳氏闓生定本尚書大義（頁一一六）、朱氏駿聲尚書古注便讀（卷二頁六五）等書證同。驗之閻氏等後儒之證，梅氏之辨是也。然學者又有增益者，今補證之。

補：簡氏朝亮云：

禮檀弓稱曾子云，君子之愛人也以德，細人之愛人也以姑息，則言愛者，不有以德乎？呂刑云，德威惟威，雖軍旅亦不捐也。薛氏季宣云，威克厥愛，濟人之實也，愛克厥威，適以害仁也，仁者一怒而安天下，此以爲威者，兵征之地也，即上文所謂天子威命也，然以上文言之，殲厥渠魁者，威也。脅徒罔治者，愛也。烈于猛火者，戒其威之過也，非所謂威克厥愛也，況僞書者之意，其言威者，本以戒其衆爾，僞傳云，勉以用命，戒以碎戮，其事意也（述疏、頁七一八）。

程氏廷祚云：

此篇之作，以古序紀年爲根據，而不得當時用師之由，故即所集古書數語，已不可謂之切當，而火炎崑岡以下，藻采繽紛，直與魏晉間檄文無異，上視甘誓，簡嚴厚重，大有霄壤之別，且渠魁脅從，何所指斥，舊染汚俗，全無實證，於古序立言之處，亦有未合（註一九）。

仲虺之誥

辨：梅氏鷟云：

定元年，薛宰曰，薛之皇祖，奚仲居薛，以爲夏車正，奚仲遷於邳，仲虺居薛，以爲湯左相

（考異三、頁二）。

證：簡氏朝亮云：

大坰、地名，史記作泰卷，今在未詳，仲虺，荀子作中蘬，史記作中𤳳，定元年，左傳云，仲虺居薛，以爲湯左相。孟子云若伊尹、萊朱，則見而知之，趙注云，萊朱，亦湯賢臣也。一曰仲虺，是也，今僞古文仲虺之誥，則襲而爲之爾，書疏引鄭云，仲虺之誥亡（述疏、頁七一九）。

朱氏駿聲云：

書序曰，湯歸自夏，至于大坰，仲虺作誥，此篇亡于秦項之火，按大坰地名，當自今山東曹州府定陶縣，至河南河南府，偃師縣之路，仲虺奚仲之後，爲湯左相（古注便讀、卷三、頁六九）。

驗之簡氏、朱氏之證，梅氏之辨是也。

辨：梅氏鷟云：

孟子湯放桀，史記放之於南巢，左傳襄二十九年，季札見舞韶濩者曰，聖人之宏也，而有漸德聖人之難也。襄二十二年，公孫僑對晉人曰，若不恤其患，而以爲口實，楚語王孫圉曰，使無以寡君爲口實（考異三、頁一）。

成湯放桀于南巢，惟有慙德。曰：予恐來世以台爲口實。

證：孫氏喬年云：

姚氏際恒曰，慙得二字，出季札論湯樂，按札之觀樂，聞聲審音，即能知帝王之德，辨衆國之風。史遷稱其見微，而知淸濁是也。自虞夏以訖春秋，皆札自爲論撰，絕無一語，根據詩書之文，其見舞象箾南籥者曰美哉！猶有憾與猶有慙德，正是一樣句法，若是則文王亦當自謂有憾耶？札此語乃是評湯韶濩，如孔子謂武未盡善意，若是則武王亦當自謂未盡善耶？今誤以評樂之言，加之成湯之身，而仲虺釋之，史臣書之，將聖人青天白日心事，驅入糢糊曖昧之鄉矣。易曰，湯武革命，順乎天而應乎人，是俯仰皆無慙矣，觀湯誓予畏上帝，不敢不正之詞，及論語元牡昭告之語可見（註二〇）。

驗之孫氏之證，梅氏之辨是也。然後世學者又有增益者，今補證之。

補：王氏鳴盛云：

放桀南巢，事見國語卷四，魯語上篇，呂氏春秋卷八仲秋紀論威篇，劉向說苑卷十三權謀篇，又荀子卷十五解蔽篇云，桀死于亭山，楊倞注云亭山，南巢之山，或本作鬲山，漢書地理志廬江有灊縣，當是誤以灊爲鬲，傳寫又誤爲亭（尙書後案、頁四八三四）。

仲虺乃作誥曰：嗚呼！惟天生民有欲。無主乃亂。惟天生聰明時乂。有夏昏德，民墜塗炭，天乃錫王勇智，表正萬邦，纘禹舊服，茲率厥典，奉若天命。

辨：梅氏鷟云：

樂記人生而靜，天之性也，感於物而動，性之欲也。無主以治之，則強凌弱，衆暴寡而亂矣。

中庸爲能聰明睿知，足以有臨也。多方有夏誕厥逸，乃大淫昏，詩古帝命武湯，多方又曰，天惟時求民生，乃大降顯體命于成湯，詩讚禹之緒，虞書弼成五服茲率禹之典，奉若天命而已（考異三、頁一）。

證：簡氏朝亮云：

多方云，天惟時求民生，中庸云，苟不固聰明聖知達天德者，其孰能知之。詩閟宮云，纘禹之緒（述疏、頁七一九）。

吳氏闓生云：

梅云，禮樂記，人生而靜，天之性也，則強凌弱，衆暴寡而亂矣，詩纘禹之緒（尚書大義、頁一四—一五）。

驗之簡氏、吳氏之證，梅說可信也。然後世學者又有增益者，今補證之。

補：惠氏棟云：

「惟天生民有欲」，周書酋解曰，民生而有欲。「民墜塗炭」，孟子坐于塗炭，應璩與從弟君苗君胄書，濟蒸民于塗炭（尚書考、頁三七二）。

簡氏朝亮又云：

文九年公羊傳云，不可一日無君。宣三年桀有昏德。詩長發云，帝命不違，至于湯齊。又云，何天之龍，敷奏其勇。釋詁云，錫、賜也，天賜者其寵也。易離彖傳云，王用出征，以正邦也。師象傳云，懷萬邦也。詩殷武云，設都于禹之績，釋詁云，典、常也。釋言云，若、順也。皆其所襲也。魏志注云，不欲使忠良與淫昏，共受塗炭，蓋明帝之露布也。史記云，人主，天下之儀表也。荀子君道篇云，君者，儀也，儀正而景正，亦其所襲也（述疏、頁七一九）。

夏王有罪，矯誣上天，以布命于下，帝用不臧，式商受命，用爽厥師。

辨：梅氏鷟云：

多士嚮于時夏，弗克庸帝，大淫佚，有辭，惟時天罔念聞，厥惟廢元命，降致罰，乃命爾先祖成湯革夏，詩何用不臧，周書爽邦由哲（考異三、頁二）。

梅氏雖然辨說有據，但是亦有未盡之處，又後儒多異其辨，可知梅氏言因襲於此有失矣，今補證之。

補：閻氏若璩云：

墨子之引仲虺之告于非命三篇是也。非命上篇，仲虺之告曰，我聞于夏人矯天命，布命于下，帝伐之惡，龔喪厥師。中篇仲虺之告曰，我聞有夏人矯天命，布命于下帝，式是惡用闕師，下篇仲虺之告曰，我聞有夏人矯天命于下帝，式是增用爽師。三處下文墨子皆從而釋之曰，此言桀執有命，湯特非之曰喪師，曰闕師，曰爽師，此豈吉祥喜事，而僞作古文者，嫌與己不合，易之曰，式商受命，用爽厥師。孔安國傳曰，爽明也，用朋其衆，言爲主也，不與墨子悖乎？夫以墨子引之之複如此，釋之之確如此，而僞作者，不又現一破綻耶（疏證一、頁二八〇）？

王氏鳴盛云：

且非獨誤會，用爽厥師，而亦誤用式商受命，考周書立政篇云，帝欽罰之，乃伻我有夏，式商受命，奄甸萬姓，是言我周用商，所受之命，而奄甸萬姓，非若仲虺之誥，竟貼上帝言用商受王命一代商興，一商興，其相反，又有如此者。帝用不臧，本左傳后帝不臧（尚書後案、頁四八三四—四八三五）。

補驗之閻氏、王氏之證，梅氏辨上語之因襲多士篇，其說不確也。

簡賢附勢，寔繁有徒，肇我邦于有夏，若苗之有莠，若粟之有秕，小大戰戰，罔不懼于非辜，矧予之德，言足聽聞。

辨：梅氏鷟云：

孟子曰，子敖以我爲簡，左傳昭二十八年，叔游曰，鄭書有之惡，直醜正，實繁有徒。杜注曰，鄭書古書名，因先漢之僞也多遺。故東晉古文之蒐也已嚴，雖鄭書亦攘以爲商書，又襄二十九年子太叔。鄭書有之安定國家必大焉。先襄三十年，過伯有氏，其門上生莠，子羽曰，其莠猶在乎？……慝德取於前，苗莠取於後，仲虺之志在其中，其當時蒐竊之情，固如此也。孔子曰，若其不具，用秕稗也。詩戰戰兢兢，伯冏又言，小大之臣，呂刑殺戮無辜，又言方告無辜于上。左傳渾良夫叫天無辜。論語有德者必有言（考異三、頁二）。

證：惠氏棟云：

昭二十八年，司馬叔游曰，鄭書曰，惡直醜正，實蕃有徒，周書芮良夫解曰，實蕃有徒。左傳孔子曰，用秕稗也。「小大戰戰」詩戰戰兢兢（尚書考、頁三七二一）。

又王氏鳴盛尚書後案（頁四八三五）、程氏廷祚晚書訂疑（頁一九七八）等書皆從梅氏之說，故云梅氏之辨是也，然學者亦有所增補，今補錄之。

補：簡氏朝亮云：

孟子云，孔子曰，惡莠，恐其亂苗也。定十五左傳云，若其不具，用秕稗也。無逸云，至于小大，又云，殺無辜，此其所襲也。後漢書王渙傳，稱陳寵對和帝云，臣任功曹王渙，以簡賢選能。故韋彪傳云，國以簡賢爲務，蓋簡如簡在帝心之簡也，若夫附勢者，必害賢也，豈惟略之乎（述疏、頁七二〇）？

惟王不邇聲色，不殖貨利，德懋懋官，功懋懋賞，用人惟己，改過不吝，克寬克仁，彰信兆民。

辨：梅氏鷟云：

孟子伯夷耳不聽惡聲，目不視惡色。老子五聲令人耳聾，五色令人目盲。論語賜不受命，而貨殖焉。史有貨殖傳，德懋懋官，官惟其人賢者在位也，功懋懋賞，賞不可以無功濫也。禹謨又言，時乃功懋哉，用人惟己，人之有技，若己有之也，過而不改，是謂過矣。過則勿憚改，寬則得衆，帝王之道也。仁者宜在高位。易曰，寬以居之，仁以行之君德也，彰信兆民，萬邦作孚也（考異三、頁三）。

證：簡氏朝亮云：

論語云，而貨殖焉，易乾文言云，寬以居之，仁以行之（述疏、頁七二〇）。

梅氏之說，雖有簡氏之證，尙有未審者，今補證之。

補：簡氏朝亮又云：

中庸云，遠色，月令云，去聲色，大學云，貨悖而入者，亦悖而出，又云，不以利爲利，此其所襲也。秦誓云，人之有技，若己有之。論語云，過則勿憚改。易繫辭傳云，悔吝者，言乎其小疵也，旡咎者，喜補過也。魯論云，湯以寬治民。大傳云，湯以居民，聽寬而獄省。孟子云，書曰，湯一征，自葛始，天下信之。閔元年左傳云，天子曰兆民，皆其襲也，皐陶謨云，懋哉，懋哉。漢書引懋作茂，釋詁云，茂勉也。僞傳云，勉於德者，則勉之以官，勉於功者，則勉之以賞，今僞者襲其爲文也（述疏、頁七二〇）。

補之簡氏之證，以輔梅氏之辨，故僞書蹈襲之跡，益顯矣。

乃葛伯仇餉，初征自葛，東征西夷怨，南征北夷怨。曰：奚獨後予？攸徂之民，室家相慶。曰：徯予后，后來其蘇。民之戴商，厥惟舊哉。

辨：梅氏鷟云：

「乃」字用夏書乃季秋月朔之「乃」，此一節全是約孟子之言，但增攸徂之民，室家相慶二句，以爲承上起下之辭，又增「民之戴商，厥惟舊哉」二句，以爲繳結之語耳（考異三、頁三）。

證：閻氏若璩云：

兩書有本出一處，而偶爲引者，所增易實於義無妨者，孟子齊人取燕章，書曰，徯我后，后來其蘇。宋小國章書曰，徯我后，后來其無罰是也。觀兩處上文，其辭皆同，而又首引書曰，湯一征自葛始，他日引之，輒易一爲始，易始爲載，此乃古人文章不拘之處，而奈何后來其蘇，既竄入仲虺之誥中，后來其無罰，復竄入太甲中篇耶？僞作文者，不又於此現露一破綻耶（疏證一、頁二七九）？

臧氏玉琳云：

孟子西夷北夷，梁惠王正義引仲虺之誥，乃葛伯仇餉，初征自葛，東征西夷怨，南征北狄怨，次釋孟子西夷北夷之言，亦同書作西夷北狄，此明是近人所改孟子三處，皆作西夷北夷，魏晉間采孟子作尚書，始改北夷爲北狄，以與西夷儷句，幸趙注尚存，北宋時，爲正義者，猶未誤，作狄字，南宋以來，反從晚出古文竄改孟子，此舍本而逐末也（經義雜記上、頁一三）。

案此節事三見孟子撮取成文，則無疑也。上驗之閻氏、臧氏等諸家之證，足證梅氏之辨言而有徵，其說不易也。

佑賢輔德，顯忠遂良，兼弱攻昧，取亂侮亡，推亡固存，邦乃其昌。

辨：梅氏鷟云：

詩保佑命之易，天之所佑者順也，周禮鄉大夫三年，則大比考其德行道義，而興賢者，鄭注賢謂有德行者，賢是德盛之名，德是資賢之實。詩序云，忠臣良士，皆是善也，佑輔顯遂善，善而固其存也。襄二十九年，仲虺之志云，亂者取之，亡者侮之，推亡固存，國之利也。改「志」爲「誥」，改「國之利也」爲「邦乃其昌」，洪範曰，邦其昌，此增一「乃」字，宣十二年，隨武子曰兼弱攻昧，武之善經也，仲虺有之曰，取亂侮亡，兼弱也。汋曰，於鑠王師，遵養時晦，者昧也。武曰，無競惟烈，撫弱耆昧，以務烈所可也。襄十四年，中行獻子曰，仲虺有言曰，亡者侮之，亂者取之，推亡固存之道也，兼幷周武王之事，以爲仲虺之言，其蹤跡之顯著如此，而正義者，乃疏之曰，傳取彼之意，而改爲之辭，非本文也，乃蔡沈則全然罔覺矣（考異三、頁三一四）。

證：閻氏若璩云：

仲虺之誥，又有四語兩見引左傳，雖間倒置，辭則相合者，襄十四年，亡者侮之，亂者取之，推亡固存，國之道也，襄三十年，亂者自取，亡者侮之，推亡固存，國之利也，是也，晚出古文，止緣上有佑賢輔德，顯忠遂良，與下推亡固存，皆四字句，亦去原文兩者字之字以相配，又以良亡韻協，遂易國之道也，爲邦乃其昌，亦韻協，此本無韻。

又云：

宣十二年，隨武子曰，兼弱攻昧，武之善經也，仲虺有言曰，取亂侮亡，兼弱也。汋曰，於鑠王師，遵養時晦，耆昧也。上引兼弱攻昧成語，次即引書詩語，以條釋之，可見兼弱攻昧，取亂侮亡，各有所出，非如今同出仲虺之誥也，襄公傳兩引皆有者字之字，今忽隱括爲一句，亦古人文之常，但未有本出一書，而錯綜割裂，如隨武子此等引法者，然則隨武子既不妄，則晚書古文妄可知矣（疏證一、頁二八〇）。

驗之閻氏之證，梅氏之辨，可信從也。

德日新，萬邦惟懷，志自滿，九族乃離，王懋昭大德，建中于民，以義制事，以禮制心，垂裕後昆。

辨：梅氏鷟云：

盤銘曰，苟日新，上二句，即孟子苟能充之，足以保四海也，下二句，即孟子不能充之，無以保妻子也，孟子又曰，得道者多助，多助之至，天下順之，失道者寡助，寡助之至，親戚叛之，宥坐之器，滿則溢。詩民之靡盈，懋昭大德，則日新之極矣，建中于民，即舜之用中于民，以義制事，見荀子書易曰，義以方外，敬以直內，詩以保我後生（考異三、頁四）。

證：吳氏闓生云：

梅云，建中句襲中庸，用其中于民，以義制事見荀子。案以禮制心句尤俚，垂裕後昆，亦非古語（尚書大義、頁一一八）。

朱氏駿聲云：

用其中于民，禮記中庸，孔子稱舜之言也，以義制事，見荀子（古注便讀、卷三、頁七一）。

驗之吳氏、朱氏之證，梅說可信也。然梅氏亦有未審而略者，故後儒繼而補辨之，今補證之。

補：簡氏朝亮云：

易繫辭傳云，日新之謂盛德，襄三十一年，左傳云，周書曰，小國懷其德，易彖傳云，天道虧盈而益謙，人道惡盈而好謙。漢諱盈曰滿焉。孟子云，湯執中，易坤文言云，義以方外，孟子云，以禮存心，釋言云，昆，後也，此其所襲也（述疏、頁七二一）。

予聞曰，能自得師者王，謂人莫己若者亡，好問則裕，自用則小。

辨：梅氏鷟云：

荀子堯問篇，楚莊王曰，不穀，謀事而當，群臣莫能逮，是以憂也，其在中蘬之言也，曰，諸侯自爲得師者王，得友者覇，得疑者存，自爲謀而莫己若者亡，今以不穀之不肖，而群臣莫吾逮者，國幾於亡乎？是以憂也。今改諸侯字爲能字，改「自爲謀而」四字爲「謂人」二字，又摘去得友者覇，得疑者存二句，其取舍之意，亦有識矣，而於下文，即橫奪周公之言之意，以與仲虺，蓋不可也。又「好問」字見中庸，「裕」字見今文書，即淺字之反也。楊倞注中蘬即仲虺，蓋見古文摘取其語而云，其先後之序，蹈襲之情，則誠有如此焉耳（考異三、頁五）。

證：惠氏棟云：

荀子堯問篇曰，其在仲蘬之言也。曰諸侯自爲得師者王，得友者覇，得疑者存，自爲謀，而莫己若者亡。古文禮記中庸曰，好問近乎知（尚書考、頁三七二一）。

王氏鳴盛云：

荀子堯問篇云，楚莊王曰，其在中蘬之言也，曰諸侯自爲得師者王……吳子圖國論，呂覽恃君篇，劉向新序雜事篇引幷同（尚書後案、頁四八三六—四八三七）。

上驗之惠氏、王氏之證，梅氏之辨是也。

嗚呼！愼厥終，惟其始。殖有禮，覆昏暴。欽崇天道，永保天命。

辨：梅氏鷟云：

表記子曰，事君愼始而敬終，閔元年齊仲孫湫曰，魯不棄周禮未可動也。君其務寧，魯難而親之，親有禮，因重固間攜貳，覆昏亂，覇王之器也，又晉語公孫固曰，晉公子殆有禮矣，樹於有禮必有艾。詩曰，湯降不遲，聖敬日躋，降有禮之謂也。其意以殖有禮覆昏暴天之道也，而欽崇之正，永保天命之事也，何慚德之有，來世何口實之有，終言王者非也（考異三、頁六）。

證：惠氏棟云：

閻若璩曰，表記子曰，君子愼始而敬終，左傳齊仲孫曰，親有禮，覆昏暴，覇王之器也。閻若璩曰，晉語公孫固曰，晉文公殆有禮云，樹于有禮必有艾。詩曰，湯降不遲，聖敬日躋，降有禮之謂也（尚書考、頁三七二一）。

又王氏鳴盛尚書後案（頁四八三六）同證。驗之惠氏等後儒之證，梅氏之辨是也。

註　一：百部叢書集成，平津館叢書本影印，尚書考異，頁二。

註　二：通志堂經解讀書管見，頁九〇二五。

註　三：簡朝亮尚書集注述疏，僞古文，頁七〇五。鼎文書局。

註　四：皇清經解續編一，尚書古文疏證四，第五十九，頁三二四。復興書局。

註　五：黃增林僞古文尚書箋注，頁一。正中書局，民國五十七年版。

註　六：吳闓生輯定本尚書大義、古文僞書考，頁一〇七。中華書局本。

註　七：宋鑒尚書考辨，卷三，頁二。在山右叢書初編，第五八—五九册。山西省文獻委員會印。

註　八：皇清經解七，卷四三四上，王光祿尚書後案，頁四八一九。復興書局。

註　九：皇清經解五，卷三百五十二、惠徵君古文尚書考，頁三七一八。復興書局。

註一〇：臧玉林經義雜記上雜十三，頁三九八—三九九。維新書局印行，民國五十七年元月初版。

註一一：清姚範援鶉堂筆記四，頁八二。廣文書局。

註一二：李榮陛（李厚岡）撰尚書考六卷、卷四，頁二—四，在厚岡全書九種，第一六—一八册，線裝，嘉慶七年，亘古齊藏板（看雲館珍藏）。

註一三：元王充耕讀書管見大禹謨古文辨，頁九〇二五。大通書局通志堂經解本。

註一四：趙鐵寒古史考述舜禹征伐三苗，頁三〇－三三。正中書局，民國五十四年一月版。

註一五：大陸雜誌特刊第二輯，頁一六三，芮逸夫古代苗人考。

註一六：朱駿聲尚書古注便讀卷二，頁六二。廣文書局。

註一七：尚書今古文注疏，卷三十，書序第三十上、虞夏書，頁四一五。臺灣商務印書館，民國五十九年三月臺一版。

註一八：黃沛榮周書周月篇著成的時代及有關三正問題的研究，下篇三正論研究，頁四四－四六。國立臺灣大學文學院印行，民國六十一年十二月初版。

註一九：皇清經解三、晚書訂疑三，頁一九七八。復興書局續皇清經解三。

註二〇：清孫喬年尚書古文證疑、卷三，頁一四。嘉慶十五年天心閣刊本看雲館珍藏。

第三節 商書證補

湯誥

王歸自克夏，至于亳，誕告萬方。

辨：梅氏鷟云：

周書多方小序，成王歸自奄，在宗周，誥庶邦，作多方。又多方本篇，王來自奄，至于宗周，史記自契至湯八遷，湯始居亳，從先王居（考異三頁六）。

證：宋氏鑒云：

敬考逸十六篇，有湯誥，司馬遷從安國問得其文，載諸殷本紀，凡百二十六字，是孔壁古文之眞，湯誥也，乃若以史記不足徵信，而倚論語爲重，因剖割論語，援變其辭，參以國語墨子而作此篇（註一）。

陳氏喬樅云：

鄭云湯誥逸，王鳴盛曰，史記所載湯誥，乃孔壁逸篇，眞古文，今湯誥後人假託也，段玉裁曰，此或從孔安國問而得，或從他釆錄，皆未可知（註二）。

今湯誥與史記殷本紀所載絕異。又宋氏、陳氏皆以爲史記所載爲眞古文湯誥。由此可知宋氏等說爲妥，故梅氏論證有據也。

惠氏棟又云：

閻若璩曰，書序成王歸自奄，在宗周，誥庶邦，作多方。多方曰，王來自奄，至于宗周（註三）。

又驗之惠氏之證，梅氏之辨，其說可從。

王曰：嗟！爾萬方有衆，明聽予一人誥。惟皇上帝，降衷于下民，若有恒性，克綏厥猶惟后。

辨：梅氏鷟云：

盤庚曰，有衆咸造，又曰，綏爰有衆，顧命王若曰，庶邦侯甸男衞，惟予一人，釗報誥。甘誓嗟六事之人，湯誓悉聽朕言，盤庚明聽朕言，泰誓又云，西土有衆，費誓言聽命。晉語梁由靡曰，以君之靈，鬼神降衷，吳語夫差曰，今天降衷於吳，內傳劉子曰，民受天地之中以生，左傳天誘其衷，中庸曰，天命之謂性，率性之謂道，修道之謂教（考異三，頁六）。

證：惠氏棟云：

梅鷟曰，降衷取諸夫差曰，天降衷于吳。閻若璩曰，晉語梁由靡曰，以君之靈，鬼神降衷，內傳劉子曰，民受天地之中以生，又天誘其衷，中庸曰，天命之謂性（尙書考，頁二七二）。

簡氏朝亮云：

吳語云，天降衷于吳。晉語曰，以君之靈，鬼神降衷，此其所襲也。成十三年左傳云，民受天地之中以生，所謂命也。中庸云，天命之謂性，率性之謂道，修道之謂教。詩蒸民云，天生烝民，有物有則，民之秉彝，好是懿得，毛傳云，彝常也。釋詁云，彝、恒，常也(註四)。驗之惠氏、簡氏之證，梅氏之辨，其說可從也。然簡氏又有所增益，今補證之。

補：簡氏朝亮云：

易繫辭傳云，一陰一陽之謂道，繼之者善也，成之者性也。周語云，國之將興，其君齊明衷正，韋注云，衷，中也。韓非子云，孔子曰，絜哉，民性有恒，釋言云，若，順也。釋詁云，綏，安也。繇，道也。后，君也。猷與繇道，皆其所襲也。此僞古文雜采諸書，而非得其意之所安也。今考之，其言三始者，皆僞古文也，惠氏所以明其不可據(述疏、頁七二一—七二二)。

夏王滅德作威，以敷虐于爾萬方百姓！爾萬方百姓，罹其凶害，弗忍荼毒，並告無辜于上下神祇。天道福善禍淫，降災于夏，以彰厥罪。

辨：梅氏鷟云：

晉語韓宣子曰，上下神祇，無不徧諭也。史記夏桀不務德，而殘傷百姓，百姓不堪，左傳渾良夫叫天無辜。論語禱爾於上下神祇，然此一段，大概修飾呂刑之文，彼皆論苗，移以加之桀。彼曰，弗用靈，滅德也。制以刑，惟作五虐之刑曰法，作威也。殺戮無辜，爰始淫爲劓刵椓黥，所謂敷虐于爾萬方百姓也。虐威庶戮，方告無辜於上者，所謂爾萬方百姓罹其凶害，弗忍荼毒，並告無辜，予上下神祇也。又於下文有曰，上帝不蠲，降咎于苗者，所謂天道福善禍淫，降災于夏，以彰厥罪也。但恐桀之鬼笑於地下曰，以數苗者數已何居。牧誓俾暴虐于百姓，金縢曰，今天動威以彰周公之德，今則反用之曰，降災于夏，以彰厥罪，天道一句，又見於國語。多方曰，誕作民主，又曰告爾有方，多士微子天毒降災荒，殷邦多士，弗弔旻天，大降喪于殷（考異三、頁七）。

證：惠氏棟云：

閻若璩曰，晉語韓宣子曰，上下神祇，無不徧諭也。哀十六年，左傳叫天無辜。國語單襄公曰，天道賞善而罰淫，左傳士貞子曰，神福仁而禍淫。閻若璩曰，微子天毒降災荒殷邦（尚書考、頁三七二）。

驗之惠氏之證，梅氏之辨可從也。然學者雖承梅氏之說，但有所增益，以證古文之僞者也，今補證之。

補：惠氏棟云：

左傳臧哀伯曰，滅德立違。洪範曰，惟辟作威，作威何害於爲君，太誓數紂之罪云，作威殺戮亦誤。惟君陳云，無倚勢作威，乃不與洪範悖耳（尚書考、三七二）。

簡氏朝亮云：

詩小旻云，旻天疾威，敷于下土，詩桑柔云，寧爲荼毒。詩兔爰云，逢此百罹，又云，逢此百凶，詩小弁云，我獨于罹，又云何辜于天，皆其所襲也。湯誓云，夏氏有罪，亦其所襲也（述疏、頁七二二）。

肆台小子，將天命明威，不敢赦，敢用玄牡，敢昭告于上天神后，請罪有夏，聿求元聖，與之戮力，以與爾有衆請命。

辨：梅氏鷟云：

湯誓，非台小子，臯陶謨曰，天明威，上文天命有德。多士我有周佑命，將天命明威，致王罰。論語予小子履，敢用元牡，敢昭告于皇皇后帝，有罪不敢赦，今皆不通文理，妄爲改竄，以「不敢赦」移居「敢用元牡」之上，又以「有罪」變作「請罪」字，於下稱伊尹爲元聖，偏考古今帝王之辭，無若然者，獨有孟子伊尹聖之任者也。漢書臣與將軍「戮力」而攻秦，有衆字見盤庚，淮南子氾論訓高皇帝云，以與百姓請命于皇天，漢書賈捐之曰，賴漢初興爲百姓請命（考異三、頁八）。

證：閻氏若璩云：

古論出自孔子壁中，博士孔安國爲之訓解，馬融、鄭康成註皆本之，余嘗取孔註論語與孔傳尚書相對校之，如予小子履，敢用玄牡三句，孔曰履殷湯名，此伐桀告天之文，殷家尚白，未變夏禮，故用玄牡，皇大，后，君也，大，大君，帝謂天帝也。墨子引湯誓其辭若此，朕躬有罪，無以萬方四句，孔曰，無以萬方，萬方不與也，萬方有罪，我身之過，雖有周親，不如仁人二句，孔曰，親而不賢不忠，則誅之，管蔡是也。仁人謂箕子。微子來則用之，所重民食喪祭一句，孔曰，重民國之本也，重食民之命也。重喪所以節哀，重祭所以致敬，與今安國傳湯誥語絕不類，凡論語所引易詩之文，無不明其來歷，何獨至古文，遂匿之而不言乎？而乃曰，墨子引湯誓其辭者若此，何其自爲乖刺，至於如是其極乎？余是以知予小子履一段，必非眞古文湯誥之文，今安國於論語周親仁人之文，則引管蔡微箕以釋之，白虎通兩引予小子履，皆以爲伐桀告天之辭，而不以爲湯誥，此所以信其必不出於湯誥也（註五）。

惠氏棟云：

湯誓曰，非台小子，漢石經論語堯曰篇曰予小子履，敢用元牡，敢昭告于皇天后帝。閻若璩曰，淮南汎論云，高皇帝云云，以與百姓，請命于皇天，漢書賈捐之曰，賴漢初興，爲百姓請命（尚書考、三七二二）。

驗之閻氏、惠氏之證，梅氏之辨益明矣，然學者又有所增益，今補證之。

補：閻氏若璩又云：

墨子引湯誓曰，予小子履，敢用玄牡，敢昭告於皇皇后帝。國語內史過引湯誓曰，余一人有罪，無以萬夫，萬夫有罪，在余一人。則論語予小子履一段，其爲古湯誓之辭無疑矣，論語爲非帝堯之言乎？觀於此亦可知論語之爲湯誓矣（疏證二、頁二九二）。

上天孚佑下民，罪人黜伏，天命弗僭，賁若草木，兆民允殖。

辨：梅氏鷟云：

孟子天降下民，洪範惟天陰隲下民，史記桀走南巢，大誥天命不僭，卜陳惟若茲，論語辟諸草木，盤庚底綏四方（考異三、頁八）。

證：吳氏闓生云：

梅云，大誥天命不僭。論語譬諸草木（註六）。驗之吳氏之證，梅氏之辨是也。然亦有未盡之處，今補證之。

補：簡氏朝亮云：

釋詁云，孚，信也。隱十一年左傳云，許旣伏其罪矣，蓋自伐許言之也，此其所襲也（述疏、頁七二二）。

俾予一人，輯寧爾邦家。茲朕未知獲戾于上下，慄慄危懼，若將隕于深淵。

辨：梅氏鷟云：

詩邦家之光。論語獲罪於天。詩昊天不惠，降此大戾，又戰戰兢兢，如臨深淵。左傳芋尹蓋對吳人曰，隕深淵，湯誓稱朕，稱台小子，稱予一人，今因克夏汰然以天子之稱自稱（考異三、頁八―九）。

證：吳氏闓生云：

梅云，論語獲罪于天，詩戰戰兢兢，如臨深淵，左哀十五年傳，雖隕于深淵，則天命也（尙書大義、頁一一九）。

驗之吳氏之證，梅氏之辨是也。然學者又有增補者，以證僞書之因襲，今補證之。

補：簡氏朝亮云：

墨子引湯說云，履未知得罪于上下，釋詁云，慄懼也，戰國策云，戰戰慄慄，日愼一日（述疏、頁七二三）。

凡我造邦，無從匪彝，無即慆淫，各守爾典，以承天休。

辨：梅氏鷟云：

周語單子曰，先王之令有之曰，天道賞善而罰淫，故凡我造國，無從匪彝，無即慆淫，各守爾典，以承天休，今離間其文，又改賞善爲福善，罰淫爲禍淫以易文，可據而改之也。冥之於前，然後增以降災于夏，至若將隕于深淵一段，乃復接我造邦五句，邦字周語作國，以論語之文，間於國語之文，復以國語之文間以論語之文，何若斷絕本書之文，以成其慝志，既改避其言，又改避其意，使人不可躡其蹤，殊不知自智者，燭之付之一哂耳？且單子稱先王之令有之，而不言書云，則取之入於湯之誥，吾亦有所不敢信也，又若從單子引先王之令，則匪彝慆淫，所謂淫也。宜承上天罰淫之法，各守爾典，則不從匪彝，不即慆淫所謂善也。故以承上天賞善之休，若從晉人離間之文，則以有夏爲淫義，俱不貫矣（考異三、頁九）。

證：閻氏若璩云：

國語單襄公決陳必亡一篇，有引先王之令曰，天道賞善而罰淫，故凡我造國，無從非彝，無即慆淫，各守爾典，以承天休，令陳侯不念云云，是又犯先王之令也，解曰，先王之令，文武之教也。夫單襄公周臣也，以周臣而對周天子，而述周令，其爲鑿然可信無疑，而僞作古文者，乃竄入湯誥中，徑以爲商先王之令，將單襄公爲眯目夢語之人乎（疏證二、頁二九二）？

宋氏鑒云：

敬考作者，往往分裂經傳原文，以就我取，其易於敷衍成篇也，故湯誥既離析論語，散入篇中，茲又離析國語，蓋以所云，天道天休，與上帝帝心之文相應，則采割用之，周令商誥所弗計矣（考辨、卷四、頁二八）。

驗之閻氏、宋氏之證，梅氏之辨，其說可信可從也。

爾有善，朕弗敢蔽，罪當朕躬，弗敢自赦，惟簡在上帝之心。其爾萬方有罪，在予一人，予一人有罪，無以爾萬方。

辨：梅氏鷟云：

上文既以國語間之，此復用論語之文，帝臣不蔽，今改作爾有善，朕弗敢蔽，罪當朕躬，即罪在朕躬，而有罪不敢赦之句移於上，乃以弗敢自赦爲文，堯曰第二十章，載成湯請命伐桀之辭曰，予小子履，敢用元牡，敢昭告于皇皇后帝，有罪不敢赦，帝臣不蔽，簡在帝心，朕躬有罪，無以萬方，萬方有罪，罪在朕躬，如是而已，晉人改之曰，肆台小子，將天命明威，不敢赦。去論語之履字，以湯自名天乙以明示論語之訛也，取「有罪不敢赦」之句，而進之敢用元牡之前，其意將以急承上文，「皇皇后帝」改作「上天神后」，因上文已有「惟皇上帝」欲變文耳。增以「請罪有夏」，至以承天休一段，何橫哉？帝臣不蔽，對上帝之辭也，爾有善，朕弗敢蔽，對衆之辭也，有罪不敢赦，移置於遠，則肆爲罪，當朕躬弗敢自赦之言，論語無此自赦之文也，惟簡在上帝之心一句，增三字，其爾萬方有罪，在予一人，予一人有罪，無以爾萬方，則又顚倒其文矣。……周語內史過曰，其在湯誓，予一人有罪，無以萬夫，萬夫有罪，在予一人，韋昭注湯誓商書伐桀之誓也，今湯誓無此言，則已散亡矣，今按論語朕躬有罪，無以萬方，萬方有罪，罪在朕躬（考異三、頁一〇—一一）。

證：惠氏棟云：

論語堯曰篇曰，予小子履，敢用玄牡，……罪在朕躬，孔安國注曰，履殷湯名，此伐桀告天之文，墨子引湯誓，其辭若此，閻若璩曰，安國親得古文二十五篇中有湯誥，豈有注論語時不曰，出逸書某篇者乎？余是以知予小子履一段，必非其古文，湯誥之文，蓋斷斷也（尚書考、頁三七二二）。

簡氏朝亮云：

此襲論語所引文爲之也，蓋僞者分論語所引文，其言祭天者，以爲湯伐桀時也，其言萬方者，以爲湯有天下後也，分而竄之，於是乎論語所引文，遂義不貫矣（述疏、頁七二二）。

驗之惠氏、簡氏之證，梅氏之辨，可信從也。

嗚呼！尙克時忱，乃亦有終。

辨：梅氏鷟云：

盤庚欽念以忱，爾忱不屬，詩靡不有初，鮮克有終（考異三、頁一一）。

證：簡氏朝亮云：

詩蕩云，鮮克有終，此其所襲也（述疏、頁七二三）。

驗之簡氏之證，梅氏之辨，可從也。

伊訓

惟元祀，十有二月乙丑，伊尹祠于先王，奉嗣王祇見厥祖。侯甸群后咸在，百官總己以聽冢宰，伊尹乃明言烈祖之成德，以訓于王。

辨：梅氏鷟云：

漢書律歷志，商十二月，乙丑朔旦冬至，趙東山曰：漢志據三統歷，即書伊訓篇，太甲祀于先王，以冬至越茀行事，其所引書辭有序，皆與僞孔氏書伊訓篇語意不合，且言日不言朔，又不言即位，則事在即位後矣，以證殷周不改月可乎？論語百官總己聽於冢宰，詩嗟嗟烈祖（考異三、頁一一）。

證：閻氏若璩云：

三統歷引古文伊訓篇曰，惟太甲元年十有二月，乙丑朔，伊尹祀于先王誕資有牧方明，今安國傳無「誕資有牧方明」一語，又以論語有百官總已以聽冢宰。詩商頌有衎我烈祖爲成湯之稱（疏證一、頁二七二—二七三）。

宋氏鑒云：

敬考孔壁所發之眞伊訓，獻諸秘府，劉歆校經見而好之，載其文于三統歷者如此，此太甲使伊尹資群牧而訓之，而非伊尹訓太甲也明甚。東晉作者，意太甲即位之初，伊尹必當有以訓之，故改作訓太甲之書，其誕資有牧方明一語，既不合己意則删之（考辨卷四、頁一一）。

驗之閻氏、宋氏之證，梅氏之辨是也。然後儒爲攻僞書之僞，又爲之補證之，今錄補之。

補：王氏鳴盛云：

鄭玄所傳眞古文，原有伊訓，其書雖亡，猶見於漢書律歷志所引，曰，惟太甲元年，十有二月乙丑朔，伊尹祀於先王，誕資有牧方明，蓋劉向歆父子領校秘書，親見古文，歆撰三統歷載伊訓，故班固採入律歷志，的確可信，僞作者取其文而失其旨，孟子言湯崩太丁未立，先卒，外丙立三年崩，仲壬立四年崩，乃立太甲，趙岐注甚明。史記殷本紀及律歷志說並同，其伊訓所云，太甲元年，乃仲壬崩之明年，而僞書僞傳以爲太甲繼湯，其謬一也（註七）。

嚴氏一萍云：

王氏認爲太甲元年，應當在仲壬崩之明年，是太甲即位爲君在仲壬之後，這可以解釋卜辭外丙所以在太甲之前，但與外丙在太甲之後及太丁之前，仍不能作合理的說明。我認爲卜辭關於外丙太甲祭祀次序的不同，是殷商晚期新舊派對於「兄終弟及」及「立長立嫡」的宗法制度衝突的反映（註八）。

嗚呼！古有夏先后，方懋厥德，罔有天災，山川鬼神，亦莫不寧！暨鳥獸魚鼈咸若。

辨：梅氏鷟云：

宣三年王孫滿曰，昔夏之方有德也，使民知神姦，故民入川澤山林，不逢不若用，能協於上下，以承天休，桀有昏德，鼎遷於商，小雅曰，方懋爾惡，頌懷柔百神，及河喬嶽，大雅白鳥翯翯，麀鹿濯濯，於牣魚躍，孟子樂其有麋鹿魚鼈（考異三、頁一一一一二）。

證：惠氏棟云：

左傳王孫滿曰，昔有夏之方有德也（尙書考、頁三七二）。

朱氏駿聲尙書古注便讀（卷三頁七六）亦同。然梅氏辨而未詳，故後世學者承其說而補證，今錄補之。

補：惠氏棟云：

墨子引商書曰，嗚呼古者有夏方未有禍之時，百獸貞蟲，允及飛鳥，莫不比方，矧在人面，胡敢異心，山川鬼神，亦莫不寧，毛氏寃詞曰，賈誼君德篇引靈臺詩而曰，文王之時，德及鳥獸，恰于龜鼈咸者（尚書考、頁三七二三）。

于其子孫弗率，皇天降災，假手于我有命，造攻自鳴條，朕哉自亳。

辨：梅氏鷟云：

詩商之子孫，盤庚乃話民之弗率，晉語驪姬曰，無必假手於武王。左傳隱十一年，鄭莊公曰，天禍許國，鬼神實不逞於許君，而假手於我寡人，孟子引伊訓曰，天誅造宮自牧宮，朕載自亳，史記湯修德，諸侯皆歸湯遂率兵以伐夏桀，桀走鳴條，遂放而死（考異三、頁一二）。

證：惠氏棟云：

閻若璩曰，左傳上天降災，又天禍許國，而假手于我寡人。孟子曰，伊訓天誅造攻自牧宮，朕載自亳，趙岐曰，伊訓尚書逸篇名（尚書考、三七二三）。

王氏鳴盛云：

隱十一年，左傳鄭莊公曰，天禍許國，鬼實不逞于許君，而假手於我寡人。晉語驪姬曰，無必假手于我武王，孟子引伊訓曰，天誅造宮自牧宮，朕載自亳，趙岐注牧宮桀宮也，此僞本乃改爲鳴條（尚書後案、頁四八四一）。

驗之惠氏、王氏之證，梅氏之辨是也。

惟我商王，布昭聖武，代虐以寬，兆民允懷。

辨：梅氏鷟云：

詩宣昭義問，古帝命武湯，多方乃惟成湯克以爾。多方簡作民主，胥惟虐於民，夏之虐也。厥民刑用勸代虐以寬（考異三、頁一二）。

證：梅氏辨僞作者之因襲，驗之後世辨僞之作，皆與梅說異，可證梅氏亦有辨而疏者，今補證之。

補：惠氏棟云：

閻若璩曰，禮記湯以寬治民，而除其虐（尚書考、頁三七二）。

簡氏朝亮云：

詩商頌言湯云，聖敬日躋，又云，武王載旆，禮祭法云，湯以寬治民，而除其虐，皐陶謨云，黎民懷之，此其所襲也（述疏、頁七二五）。

吳氏闓生云：

唐虞三代之盛，未見一聖字，周書諸誥亦無之，所謂聖不自聖也。今湯誥稱伊尹爲元聖，伊尹亦稱湯布昭聖武，何其相諛耶？此聖武二字釆自墨子（尚書大義、頁一二一）。

今王嗣厥德，罔不在初，立愛惟親，立敬惟長，始于家邦，終于四海。

辨：梅氏鷟云：

召誥今王嗣受厥命，我亦惟茲二國命，嗣若功。王乃初服；嗚呼！若生子，罔不在厥初生；自貽哲命。今去厥字與生字止取罔不在初。禮記立愛自親始，教民睦也，立教自長始，教民順也。孝經夫孝始於事親，終於事君。詩刑于寡妻，至于兄弟，以御于家邦，此言家邦四海，即大學國家天下之序也。然此用孝經德教加於百姓，刑於四海也（考異三、頁一二—一三）。

證：惠氏棟云：

閻若璩曰，召誥有今王嗣受厥命，若生子，罔不在厥初生，爲初即位，告戒之辭。禮記立愛自親始，立敬自長始，孝經愛親者，不敢惡於人，敬親者不敢慢於人，愛敬盡于事親，而德教加于百姓，刑于四海（尚書考、頁三七二二）。

又王氏鳴盛尚書後案（頁四八四一）、簡氏朝亮尚書集注述疏（頁七二五）、朱氏駿聲尚書古注便讀（卷三頁七六）皆從梅氏之說。驗之惠氏、王氏等後儒之證，梅氏之辨，言而有徵也。

嗚呼！先王肇修人紀，從諫弗咈，先民時若。居上克明，爲下克忠；與人不求備，檢身若不及，以至于有萬邦。茲惟艱哉。

辨：梅氏鷟云：

揚雄云：上世之士人綱人紀，荀子君臣篇曰，書曰，從命而不拂，微諫而不倦，爲上則明，爲下則遜，下文又曰，敬而不順者，不忠者也。淮南子氾論訓，君子不責備於一人。法言，蠢迪檢神。亢倉子訓道篇，君子檢身常若過。班彪王命論，見善如不及，用人惟由己，定諫如順流。詩曰，惟先民是程（考異三、頁一三）。

證：惠氏棟云：

揚雄解嘲曰，上世之士，人綱人紀，僞孔傳云，始修爲人綱紀，全用解嘲之文。荀子臣道篇書曰，從命而不拂，微諫而不倦，爲上則明，爲下則遜，又曰敬而不順者，不忠者也（尙書考、頁三七二二）。

王氏鳴盛云：

荀子卷九臣道篇云，諫爭輔拂之人，社稷之臣也。恭敬而遜聽，從而敏事，聖名之義也，忠信而不諛，諫爭而不諂，事中君之義也。書曰，從命而不拂，微諫而不倦，爲上則明，爲下則遜，此之謂也，此荀子論人臣格君之道，而僞作者，乃改以爲先王事，淮南子氾論訓曰，君子不責備于一人，亢倉子訓道篇曰，君子檢身，常若有過（尙書後案、頁四八四一）。

又簡氏朝亮尙書集注述疏（頁七二二五）、朱氏駿聲尙書古注便讀（卷三頁七七）、吳氏闓生定本尙書大義（頁一二一一）等書亦同。驗之惠氏、王氏、簡氏、吳氏之證，梅氏之辨是也。然學者爲證僞書之因襲，又稽考典籍，以增益辨僞之據也，今補證之。

補：惠氏棟又云：

「先民時若」，商頌先民有作，國語曰，昔曰先民。閻若璩曰，論語無求備于一人（尙書考、頁三七二二）。

敷求哲人，俾輔于爾後嗣。

辨：梅氏鷟云：

詩罔敷求先王，又惟此哲人，酒誥在今後嗣王（考異三、頁一三）。

證：惠氏棟云：

敷求出詩抑篇（尚書考、頁三七二二）。

驗之惠氏之證，梅氏之辨是也。然梅氏之辨，稽考簡略，今補證之。

補：惠氏棟又云：

墨子尚賢篇曰，先王之書，歫年之言也，傳曰，求聖君哲人，此俾輔而身，又曰，於先王之書，豎年之言然曰，晞夫聖武，知人以屏輔而身，此言先王治天下也，必選擇賢者，以爲其群屬輔佐（尚書考、頁三七二二）

制官刑，儆于有位，曰：敢有恒舞于宮，酣歌于室，時謂巫風。敢有殉于貨色，恒于遊畋，時謂淫風。敢有侮聖言，逆忠直，遠耆德，比頑童，時謂亂風。唯茲三風十愆，卿士有一于身，家必喪！邦君有一于身，國必亡。臣下不匡，其刑墨。是訓于蒙士。

辨：梅氏鷟云：

堯典鞭作官刑，周禮秋官司寇，以刑百官，盤庚由乃在位，言作官府之刑，以儆戒百官也，舞不可恒，歌不可樂，酒而酣，巫以歌舞事神，周禮有男巫女巫殉貨，聚斂積實也，殉色女寵溢尤也，恒遊從流上下也，恒畋從獸無厭也。無逸云，于遊于畋，荒淫無度之風如此。論語狎大人侮聖人之言，鄭語史伯曰，惡角犀豐盈，而近頑童窮固。拒逆直之，規而不納諫遠耆年有德者，而不親。吳語子胥曰，今王播棄黎老，而孩童焉，此謀是謂荒亂之風俗，如此後漢樊儵言郡國舉孝廉，率取年少能報國者，耆宿大賢，多見廢棄，三風其綱，十愆其目。孟子諸侯不仁，不保社稷，卿大夫不仁，不保宗廟。孝經匡救其惡，左傳匡其不逮，墨五刑之輕者，注疏謂鑿其額涅以墨，司刑所謂墨刑五百者也，易曰童蒙（考異三、頁一三一—四）。

證：惠氏棟云：

論語侮聖人之言，「比頑童」，鄭語史伯曰，王惡角犀豐，而近頑童窮固，韋昭曰，頑童童昏（尚書考、頁七三二二）。

簡氏朝亮云：

無逸云，則其無淫于遊于田。論語云侮聖人之言。鄭語云，王惡角犀豐盈，而近頑童窮固，古以相人之正直也。孝經云，匡救其惡。僞傳云，墨刑，鑿其額、涅其墨（述疏、頁七三二六）。

驗之惠氏、簡氏之證，梅氏之辨是也。然湯之官刑，後世學者考證則異，今錄補之，以補證梅氏之失也。

補：閻氏若璩云：

墨子所引先王之事，湯以官刑，有之曰，出非樂篇，雖未言其作於何時，然左傳昭六年，叔向詒子產書曰，先王議事，以制不爲刑辟，懼民之有爭心也。杜預注曰，臨事制刑，不豫設法也，法豫設則民知爭端，又曰，夏有亂政而作禹刑，商有亂政，而作湯刑，注曰，夏商之亂，著禹湯之法，言不能議事以制，又曰，周有亂政，而作九刑，註曰，周之衰，亦爲刑書謂之九刑，又曰，三辟之興，皆叔世也，註曰，言刑書不起於始盛之世，則墨子所謂湯之官刑者，正作於商之叔世，其不爲湯所制明矣，而僞作古文者，不能參考左氏，止見墨子有湯之官刑字，遂以爲即湯所制，而述於伊尹之口，以訓太甲，不知其時，固未嘗有此刑也。昭二十九年，晉趙鞅、荀寅鑄刑鼎，仲尼聞而非之曰，晉其亡乎？彼春秋之末，且然，曾謂成湯盛世而即豫設法，以告下民哉？或曰，鞭作官刑，自虞舜時已有，何獨至湯而無官刑耶？余曰，湯之時五刑具在，未嘗無官刑也，獨所謂三風十愆，爲官刑之條目，勒爲一書，以豫告下民，湯固未嘗有此制也，……則恒舞于宮，是謂巫風，安知非即湯之法耶？湯當時未嘗以此，麗之於官刑，以勒爲一書，以豫告下民也。故即九刑之作，原於周公所爲賊藏盜姦爲大凶德，有常無赦是也！然說者，猶謂此乃後世作九刑者，記周公誓命之言，非周公自爲書也，觀於周公則禹刑湯刑之作，其必不出於禹湯可知矣，其必不容述於伊尹之口，以訓太甲，抑又可知矣（疏證一、頁二七三—二七四）。

補驗之閻氏之證，湯之官刑之僞亦明矣。

嗚呼！嗣王祇厥身。念哉！聖謨洋洋，嘉言孔彰，惟上帝不常，作善，降之百祥，作不善，降之百殃。爾惟德，罔小，萬邦惟慶！爾惟不德，罔大，墜厥宗。

辨：梅氏鷟云：

酒誥在今後嗣王，無逸治民祇懼，皋陶謨愼厥身，又曰念哉！率作興事，夏書聖有謨勳，漢書洋洋，晁董之對，中庸洋洋乎！禹謨又曰，嘉言罔攸伏，詩亦孔之昭。康誥曰，惟命不于常。詩曰，天命靡常，易積善之家，必有餘慶，積不善之家，必有餘殃，漢書吳王濞傳，天子制詔將軍，蓋聞爲善者，天報以福，爲非者，天報以殃。易曰，善不積不足以成名，惡不積不足以滅身，小人以小善爲無益，而弗爲也，以小惡爲無傷，而弗去也，故惡積而不可掩，罪大而不可解。劉元德戒子曰，勿以惡小而爲之，勿以善小而不爲（考異三、頁四一一五）。

證：惠氏棟云：

閻若璩曰，易文言積善之家，必有餘慶，積不善之家，必有餘殃。易大傳小人以小善爲無益，而弗爲也，以小惡爲無傷，而弗去也（尙書考、頁三七二二）。

王氏鳴盛云：

易文言曰，積善之家，必有餘慶，積不善之家，必有餘殃，漢書吳王傳曰，蓋聞爲善者，天報以福，爲非者，天報以殃（尙書後案、頁四八四二）。

驗之惠氏、王氏之證，梅氏之說是也。然此文實依傍墨子而作，並因襲他書而成之，今補證如下。

補：王氏鳴盛云：

墨子非樂上篇曰，嗚呼舞佯佯，黃言孔章，上帝弗常，九有以亡，上帝不順降之百殃，其家必懷喪。賈誼新書曰，善不可謂小而無益，不善不可謂小而無傷。淮南子曰，君子不謂小善不足爲也而舍之，小善積而爲大善，不謂小不善爲無傷也而爲之，小不善積而爲大不善。三國志注蜀先主敕後主曰，勿以惡小而爲之，勿以善小而不爲（尙書後案、四八四二）。

簡氏朝亮云：

詩閟宮云：萬舞洋洋。詩召旻云，今也日蹙國百里，此日殃之類，詩終風毛傳云，懷傷也。今僞者襲而竄之爾（述疏、頁七二六）。

補驗之王氏、簡氏之說，僞者之跡益明矣。

太甲上

惟嗣王不惠于阿衡。

辨：梅氏鷟云：

惠字因孟子余弗狎於不順，故翻出。詩實惟阿衡（考異三、頁一一五）。

證：孫氏喬年云：

商頌曰，實惟阿衡，實左右商王，鄭箋云，阿倚衡平也，伊尹湯所依，倚而取平也。故以爲官名，太甲時則曰保衡，故君奭曰，在太甲時，則有若保衡，今當云，維嗣王不惠于保衡，而仍舊稱何也（註九）。

簡氏朝亮云：

釋言云，惠，順也。詩商頌實維阿衡，毛傳云，阿衡伊尹也，此其所襲也。書疏引鄭云，伊尹，湯以爲阿衡，至太甲改曰保衡，今於太甲稱阿衡者，則僞也。使逸古文誠有太甲焉，而有阿衡之稱，則鄭通逸古文者也，安有以阿衡爲湯時專稱乎？孟子云，太甲顚覆湯之典刑，言不順于先王也，蓋善乎其立言矣，今以爲不順于阿衡，非立言之體也（述疏、頁七二六）。

驗之孫氏、簡氏之證，梅說是也。

伊尹作書曰：先王顧禔天之明命，以承上下神祇，社稷宗廟，罔不祇肅，天監厥德，用集大命，撫綏萬方。

辨：梅氏鷟云：

大學引太甲曰，顧提天之明命，無先王二字，上下神祇見論語，誄辭社稷宗廟見孝經，大雅云，天監在下，聿修厥德，有命既集，頌綏萬邦，改邦爲方增撫字（考異三、頁一五）。

證：惠氏棟云：

禮記大學大甲曰，顧提天之明命。論語禱爾于上下神祇（尚書考、頁三七二三）。

王氏鳴盛云：

大學大甲曰，顧提天之明命。詩天監在下，有命既集（尚書後案、頁四八四三）。

又簡氏朝亮尚書集注述疏（頁七二七）、朱氏駿聲尚書古注便讀（卷三頁七八）等書證同。驗之惠氏、王氏、簡氏、朱氏之證，梅氏之辨是也。然後世學者又增益之，以明僞書之因襲，今補證之。

補：簡氏朝亮又云：

禮哀公問云，以爲天地宗廟社稷之王，君奭云，其集大命于厥躬，盤庚云，底綏四方，此其所襲也（述疏、頁七二七）。

惟尹躬克左右，厥辟宅師，肆嗣王丕承基緒。

辨：梅氏鷟云：

頌實惟阿衡，實左右商王，今改爲伊尹，故曰尹躬，又改商王爲厥辟，今按此句，匪伊尹口氣，大雅云，殷之未喪師，酒誥在今後嗣王（考異三、頁一五）。

證：簡氏朝亮云：

詩長發云，實維阿衡，實左右商王，蓋詩美伊尹之功也。今僞者竄之爲伊尹之言乎？不自伐其功乎（述疏、頁七二七）？

孫氏喬年云：

商頌曰，實惟阿衡，實左右商王，鄭箋云，阿倚衡平也，伊尹湯所倚，而取平也，故以爲官名，太甲時，則曰，保衡，故君奭曰，在太甲時，則有若保衡，今當云，維嗣王，不惠于保衡，而仍舊稱何也（古文證疑、卷三、頁一九）。

驗之簡氏、孫氏之證，梅氏之辨是也。

惟尹躬先見于西邑夏，自周有終，相亦惟終，其後嗣王，罔克有終，相亦罔終。嗣王戒哉，祗爾厥辟，辟不辟，忝厥祖。

辨：梅氏鷟云：

緇衣尹吉曰，惟尹躬天見於西邑夏，自周有終相亦惟終，鄭氏曰，尹吉亦尹誥也，天當爲先字之誤，吉文正作先，蓋用鄭注也。鄭又云，今天絕桀，以其自作孼，天絕之也，去夏就殷者，相亦罔終也。又古文，凡難接處用戒哉之文，說命惟口起羞，四句之下，亦曰王惟戒茲，以有惟字故也，上文厥辟稱成湯，此厥辟指太甲也。坊記子云，父子不同位，以厚敬也，書云，厥辟不辟忝厥祖（考異、頁一五—一六）。

證：閻氏若璩云：

緇衣尹吉曰，惟尹躬天見於西邑夏，鄭注云，天當爲先字，其出康成後，何待云（疏證八、頁四九九）。

驗之閻氏之證，梅說可從也。然學者又有所增益，以補證僞書之僞，今補證之。

補：簡氏朝亮云：

魯語云，忠信爲周，今尹吉義同，王氏柏云，周當作君，籀文之近也。金氏履祥從之，此豈不爲僞者所誤邪，蓋尹吉言自周者，本伊尹之言己也，而僞者以言夏王，又益之以言其後嗣王，故自周之文，則若爲自君之譌矣。厥辟而下，襲坊記所引書文爲之也。春秋繁露云，書曰，厥辟不辟，去厥祇，皆其所襲也（述疏、頁七二七）。

王惟庸，罔念聞。

辨：梅氏鷟云：

說命王庸作書以告，庸，用也，朱子語錄云，此六字只作一句，大甲惟若尋常於伊尹之言，無所念聽，而不知此二句，乃效無逸昔之人無聞知，多方誕作民主罔可念聽。多士曰，惟時天罔念聞，則其蹈襲之蹤，顯然矣，當從朱子爲是（考異三、頁一六）。

證：簡氏朝亮云：

書序云，太甲思庸，今僞者襲焉，多士云，惟時天罔念聞，今襲其爲文，以一句讀也（述疏、頁七二七）。

吳氏闓生定本尙書大義（頁一二二）同。驗之簡氏、吳氏之證，梅氏之辨可從也。

伊尹乃言曰：先王昧爽丕顯，坐以待旦，旁求俊彥，啓廸後人。

辨：梅氏鷟云：

昭三年，叔向引讒鼎之銘曰，昧旦丕顯，後世猶怠，孟子曰，周公坐以待旦，說命旁求於天下，書曰，佑啓我後人（考異三、頁一六）。

證：王氏鳴盛云：

昧爽丕顯本左傳昭三年叔向引讒鼎之銘，讒鼎乃魯鼎非商事，坐以待旦本孟子，乃周公中夜，以思此理，非商先王待旦而行之，兩語皆取成句，又離其本義，讒鼎本作昧旦，因復旦字，復據牧誓，甲子昧爽，改作爽（尙書後案、頁四八四三）。

又簡氏朝亮尙書集注述疏（頁七二七）、朱氏駿聲尙書古注便讀（卷三頁七九）等書證同，故梅氏之辨可從。然學者又有中梅說，以辨僞書之僞者，今補證之。

補：簡氏朝亮又云：

淮南子云，湯夙興夜寐，以致聰明，其所襲也，竄昧旦爲爽者，襲牧誓爲之也（述疏、頁七二七）。

無越厥命以自覆，愼乃儉德，惟懷永圖。若虞機張，往省括于度，則釋。

辨：梅氏鷟云：

緇衣太甲曰，無越厥命，以自覆也，若虞機張，往省括于厥度，則釋。無愼乃二句，而多也，字多厥字乃字，商書多用之，如齊乃位，度乃口之類，左傳儉德之共也，金縢曰，惟永終是圖（考異三、頁一六）。

證：簡氏朝亮云：

禮緇衣云，太甲曰，毋越厥命，此其所襲也。左傳云，夫德儉而有度。金縢云，惟永終是圖（述疏、頁七二七）。

驗之簡氏之證，梅氏之辨是也。

欽厥止，率乃祖攸行。惟朕以懌，萬世有辭。王未克變。

辨：梅氏鷟云：

虞書，安汝止。詩率由舊章，盤庚曰，乃祖乃父。詩戎醜攸行。史記舜讓于德弗懌，論語齊一變至於魯（考異三、頁一六一—一七）。

證：吳氏闓生云：

案欽厥止用皋陶謨，安汝止之文（尙書大義、頁一二二）。

梅氏之辨，雖有吳氏爲之驗證，但學者辨證多異，可知梅氏亦有未盡矣，今補證之。

補：簡氏朝亮云：

詩文王云，無念爾祖，易坤象傳云，君子攸行，康誥云，則予一人以懌，洛誥云，汝永有辭，亦其所襲也（述疏、頁七二七）。

補驗簡氏之證，以佐梅氏之辨，僞書因襲之跡明矣。

伊尹曰：茲乃不義，習與性成，予弗狎于弗順。

辨：梅氏鷟云：

孟子曰，不仁不義，又曰，夫豈不義，而曾子言之，孔子曰，少成若天性，習慣如自然，賈子曰，習與智長，故幼而不媿，化與心成，故中道若性，公孫丑曰，伊尹曰，予不狎於不順，此作弗字（考異三、頁一七）。

證：王氏鳴盛云：

孔子曰，少成若天性，習慣如自然，大戴禮記保傅篇略同，孟子伊尹曰，予不狎于不順（尙書後案、頁四八四四）。

吳氏闓生云：

梅云，賈誼疏，習與智長，故切而不媿，化與心成，故中道若性（尚書大義、頁一二三）。

驗之王氏、吳氏之證，梅氏之辨是也。

營于桐宮，密邇先王其訓，無俾世迷。王徂桐宮居憂，克終允德。

辨：梅氏鷟云：

公孫丑曰，放太甲於桐，吳語董褐曰，孤以下，密邇於天子，居於桐宮，處仁遷義，又成十六年，叔聲伯曰，以魯之密邇仇讎。史記帝太甲既立，三年不明，暴虐不遵湯法亂德，於是伊尹放之於桐宮三年，伊尹攝行政當國，以朝諸侯，帝太甲居桐宮三年悔過，自責反善，於是伊尹迺迎帝太甲，而授之政，帝太甲修德，諸侯咸歸殷，百姓以寧，伊尹嘉之，迺作太甲訓三篇褒帝，太甲稱太宗，君奭曰，我不以後人迷，晉語寺人勃鞮曰，伊尹放太甲，而卒以爲明王，又曰，佐相以終，克成令名（考異三、頁一七）。

證：閻氏若璩云：

孟子一段，玩其文義，蓋太甲被放後三年始悔過，又三年惟伊尹訓是聽，蓋凡六年始復歸于亳，雖殷本紀首三年，指初即位，不指被放之後，要爲六年之久，與孟子無異也（疏證四、頁三二五）。

簡氏朝亮云：

孟子盡心篇，伊尹曰，予不狎于不順，放大甲于桐，今僞者襲而竄之爾，孟子趙注云，放之於桐邑，史記集解引鄭云，桐地名也，有王離宮焉，今考史記云，放之於桐宮，蓋鄭猶史遷義也。……克終允德者，襲孟子言大甲悔過也（述疏、頁七二八）。

驗之閻氏、簡氏之證，梅說是也。

大甲中

惟三祀，十有二月朔，伊尹以冕服，奉嗣王歸于亳。

辨：梅氏鷟云：

上篇言居憂，此言三祀，見其爲三年之喪也，朔者月正元日，十有二月者，見殷不改月也，冕服者除喪吉服也。徂桐宮於太甲，歸于亳者太甲賢後反之也，殷不改月，則孔子何爲言，行夏之時，周語內史興曰，太宰以王命冕服，史贊三命，而後即冕服，又前篇內史過曰，夫晉侯非嗣也（考異三、頁一七—一八）。

證：閻氏若璩云：

三年之喪，二十五月而畢，中月而禫，鄭康成以中月爲間月，則二十七月而後即吉，王肅以中月爲月中，則二十六月即可即吉，王肅以前未聞有是說也，今孔傳曰，二十六月，三年服闋，非用王肅之說而何（疏證二、頁二九〇）。

惠氏棟云：

孟子曰，太甲顛覆湯之典刑，伊尹放之于桐三年，太甲悔過，自怨自艾于桐，處仁遷義，三年以聽伊尹之訓己也。復歸于亳，閻若璩曰，周語內史興曰，太宰以王命冕服，內史贊之三命，而后即冕服，又前篇內史過曰，夫晉侯非嗣也（尚書考、頁三七二三）。

驗之閻氏、惠氏之證，梅氏之辨誠是也。

作書曰：民非后，罔克胥匡以生；后非民，罔以辟四方，皇天眷佑有商，俾嗣王克終厥德，實萬世無疆之休。

辨：梅氏鷟云：

國語夏書有之，衆非元后，何戴后非衆，罔與守邦。盤庚曰，不能胥匡以生，大禹謨曰，皇天眷命，使嗣王能終其德者，言皇天眷佑，若使之也，太甲方知改過日新，而即謂之克終厥德，與下文太甲圖惟厥終之言有相乖戾，非聖人慮終之語也。表記民非后四句，罔作無，克作能，胥匡以生，作胥以寧（考異三、頁一八）。

證：惠氏棟云：

表記太甲曰，民非后，無能胥以寧，后非民，無以辟四方。吳書駱統傳書曰，衆非后，無能胥以寧，后非衆，無以辟四方（尚書考、頁三七二三）。

簡氏朝亮云：

四方而上，襲禮表記，所引太甲文爲之也，表記所引者，曰，無能胥以寧，釋言云，罔無也。盤庚云，不能胥匡以生，今僞者，襲而竄之爾，召誥云，無疆惟休，皆其所襲也（述疏、頁七三〇）。

又王氏鳴盛尚書後案（頁四八四六）、朱氏駿聲尚書古注便讀（卷三頁八〇）亦證同。驗之惠氏、簡氏等後儒之證，梅氏之辨，其說是也。

王拜手稽首曰：予小子不明于德，自底不類。欲敗度，縱敗禮，以速戾于厥躬。天作孽，猶可違，自作孽，不可逭，既往背師保之訓，弗克于厥初，尚賴匡救之德，圖惟厥終。

辨：梅氏鷟云：

洛誥王拜手稽首，康誥曰，克明德，詩不明爾德，又曰，克明其德，左傳曰，非我族類，昭十年子皮曰書曰，欲敗度，縱敗禮我之謂矣，夫子知度與禮，我實縱欲而不能自克也，酒誥曰，惟民自速辜天作孽四句，見孟子引，又緇衣太甲曰，天作孽可違也，去猶字，增也字末句，不可以逭，論語既往不咎，周官三公太師、太保、三少、少師、少保，國語師保以臨之，繫辭如臨師保，詩靡不有初，鮮克有終，孝經匡救其惡，僖二十六年展喜曰，彌縫其闕，而匡救其災，罔命又曰，實賴左右，前後有位之士，匡其不及，金縢惟永終是圖（考異三、頁一八一—一九）。

證：王氏鳴盛云：

此王拜手稽首，及下伊尹拜手稽首，皆本洛誥周公拜手稽首王拜手稽首之文。又孟子公孫丑離婁兩引天孽四句，逭皆作活。緇衣則引云，天作孽可違也，自作孽不可以逭，此參合于二者之間，上二句從孟子去也字，下二句從緇衣作逭字。又左傳楚共王曰，未習師保之訓教，展喜曰，匡救其災（尚書後案、頁四八四六）。

簡氏朝亮云：

酒誥云，惟民自速辜。孝經云，匡救其惡，詩蕩云，靡不有初，鮮克有終，皆其所襲也（述疏、頁七三〇）。

又朱氏駿聲尚書古注便讀（卷三頁八一）、吳氏闓生定本尚書大義（頁一二三）亦同其證。驗之王氏、簡氏、朱氏、吳氏之證，梅氏之辨，其說是也。

伊尹拜手稽首曰：修厥身，允德協于下，惟明后。先王子惠困窮，民服厥命，罔有不悅。並其有邦厥鄰。乃曰：徯我后，后來無罰。

辨：梅氏鷟云：

洛誥周公拜手稽首。臯陶謨曰，愼厥身修。舜典又曰，重華協于帝，允征又曰，厥后惟明明。中庸曰，子庶民，並其有邦，即厥鄰也。孟子兩引徯我后，一則曰，后來其蘇，一則曰，后來其無罰。淮南子修務訓，湯夙興夜寐，以致聰明，輕賦薄斂，以寬民氓，布德施惠，以振困窮，弔死問疾，以養孤孀，百姓親附，致令流行，上篇昧爽丕顯，坐以待旦，即夙興夜寐之句也。召誥越厥民茲服厥命（考異三、頁一九）。

證：閻氏若璩云：

兩書有本出一處，而偶爲引者所增易，實於義無妨者，孟子齊人取燕章，書曰，徯我后，后來其蘇，宋小國章書曰，徯我后，后來其無罰是也。觀兩處上文，其辭皆同，而又首引書曰，湯一征自葛始，他日引之，輒易一爲始，易始爲載，此乃古人文章，不拘之處，亦何得疑其出於兩書耶？不得疑出於兩書，而奈何后來其蘇，既竄入仲虺之誥中，后來其無罰，復竄入太甲中篇耶？僞作古文者，不又於此，現露一破綻耶（疏證一、頁二七九）？

惠氏棟云：

淮南修務曰，湯夙興夜寐，以致聰明，……以振困窮。孟子曰，書曰，徯我后，后來其無罰（尚書考、頁三七二三）。

又王氏鳴盛尚書後案（頁四八四六）、簡氏朝亮尚書集注述疏（頁七三〇）皆同其證。驗之閻氏、惠氏、王氏、簡氏之證，梅氏之辨，其說是也。

王懋乃德，視乃烈祖，無時豫怠。

辨：梅氏鷟云：

詩曰方茂爾惡，凡屢用懋字，伊訓方懋厥德，冏命懋乃后德，頌曰，嗟嗟烈祖（考異三、頁一九）。

證：孫氏喬年云：

詩商頌，嗟嗟烈祖（古文證疑、卷四、頁七）。

驗之孫氏之證，梅氏之辨是也。

率先思孝，接下思恭；視遠惟明，聽德惟聰，朕承王之休無斁。

辨：梅氏鷟云：

論語致孝乎鬼神，詩永言孝思，論語臨之以莊。又曰：恭己正南面，又曰，恭則不侮，文侯之命，追孝于前文人，周語單穆公曰，故必聽和而視正，聽和則聰，視正則明，聽則言聽，明則德昭，論語可謂明也。已可謂遠也，已視又思明聽思聰。君奭丕承無疆之恤，周官又曰，萬邦惟無斁（考異三、頁二〇）。

證：簡氏朝亮云：

詩下武云，永言孝思。論語云，視思明，聽思聰（述疏、頁七三〇）。

驗之簡氏之證，梅氏之辨是也。然後儒又有申梅氏之辨而補增之者，今錄補之，以廣梅氏之說。

補：簡氏朝亮又云：

孝經云，修身愼行，恐辱先也。論語云，貌思恭，楚語云，國君聽德以爲聰，致遠以爲明。洛誥云，我惟無斁其康事，此其所襲也（述疏、頁七三〇）。

太甲下

伊尹申誥于王曰：嗚呼！惟天無親，克敬惟親，民罔常懷，懷于有仁。鬼神無常享，享于克誠，天位艱哉！

辨：梅氏鷟云：

易重巽以申命，僖五年宮之奇曰，鬼神匪人實親，惟德是依，故周書曰，皇天無親，惟德是輔，杜注逸書又曰，黍稷匪馨，明德惟馨，又曰，民不易物，惟德繄物。旅獒凡四處用此一節，詩天位殷適，上文不易惟王（考異三、頁二〇）。

證：簡氏朝亮云：

僖五年左傳云，周書曰，皇天無親，惟德是輔，詩大明云，天難忱斯，不是維王，天位殷適，使不挾四方（述疏、頁七三〇—七三一）。

吳氏闓生云：

惠氏云，左傳周書曰，皇天無親，又僖五年宮之奇曰，鬼神非人實親，惟德是依（尚書大義、頁一二四）。

驗之簡氏、吳氏之證，梅氏之辨是也，然梅氏之辨證，簡略而未備，今錄後儒之證以補梅氏之辨。

補：簡氏朝亮又云：

王氏應麟云，太甲言誠之始也，眞氏德秀云，唐虞時未有誠字，始見於此，其皆未察其僞乎？

文十八年左傳云，明允篤誠，此季文子以言高陽氏之八愷者也，亦據虞書而言舜臣堯，擧八愷者也，其必虞書有誠之爲言，而後季文子據以言之矣，豈其自太甲始哉（述疏、頁七三一）。

屈氏翼鵬云：

甲骨文中沒有仁字，早期的金文中沒有仁字，詩、書、易三書中屬於西周時代的作品裏沒有仁字，如果單是甲骨文，或金文，或詩書易中的任何一書不見仁字，我們誠然不應該以不見爲不有；現在考古學的材料裏，在書本的材料裏，所表現的情形，完全一致。能會有這麼多的，而又完全一致的「偶然」嗎？因此，我雖然不敢斷然地說，西周和其以前，還沒有仁字；但仁字不見於現存的，眞正可信的西周時代的文獻中，則是鐵的事實（註一〇）。

驗之簡氏、屈氏之補證，晚書之僞明矣。

德惟治，否德亂；與治同道，罔不興，與亂同事，罔不亡。終始愼厥與，惟明明后。

辨：梅氏鷟云：

蔡仲命首四句，即太甲下篇首四句，爲善不同四句，即德惟治六句小出入，其下文初終之戒，即終始愼厥與之意，此可見其出於一手一律之意，襄二十五年太叔文子曰，君子之行，思其終也，思其後也，書曰，愼始而敬終，終以不困，杜注逸書，正義云，愼厥初惟厥終，終以不困，此所引者，蓋是彼文學者，各傳所聞，而字有改易，或引其意，而不全其文，故不同也，蓋愼厥初，即愼始惟厥終，即上文思其終，故爲謬亂，何不同之有（考異三、頁二〇一二一）？

證：閻氏若璩云：

王充耘曰，蔡仲之命一段，絕與太甲篇相出入，言天輔民懷，即是克敬惟親，懷于有仁之說爲善同歸于治，爲惡同歸于亂，即是與治同道罔不興，與亂同事罔不亡之說，惟厥終，終以不困，不惟厥終，終以困窮，即是自周有終相，亦罔終之說，吾意古文只是出于一手掇拾附會，故自不覺犯重耳（疏證八、頁四九七）。

驗之閻氏之證，梅氏之辨，其說精審也。

先王惟時懋敬厥德，克配上帝。今王嗣有令緒，尚監茲哉！

辨：梅氏鷟云：

詩曰，聿修厥德，又曰，克配上帝，今王二字見周誥，頌纘禹之緒（考異三、頁二一）。

證：簡氏朝亮云：

詩文王云，聿修厥德，又云，克配上帝。無逸云，嗣王其監于茲（述疏、頁三一）。

驗之簡氏之證，梅氏之辨是也。

若升高，必自下，若陟遐，必自邇。

辨：梅氏鷟云：

中庸曰，辟如行遠，必自邇，辟如登高，必自卑，詩陟彼崔嵬，堯典陟方乃死，皆以言升高之意，則不若中庸行字之妥也（考異三、頁二一）。

證：閻氏若璩云：

梅鷟謂中庸，辟如行遠，必自邇，辟如登高，必自卑，古文以若代辟如，以升代登可也，以陟代行則不可，何則書，汝陟帝位，詩，陟彼崔嵬，凡陟皆升高之義（疏證五下、頁三六五）。又程氏廷祚晚書訂疑（頁一九八〇）、簡氏朝亮尙書集注述疏（頁七三一）、朱氏駿聲尙書古注便讀（卷四頁八二）等書所證皆同。驗之閻氏、程氏等後儒之證，梅氏之辨是也。

無輕民事，惟難；無安厥位，惟危。愼終于始，有言逆于汝心，必求諸道；有言遜于汝志，必求諸非道。

辨：梅氏鷟云：

孟子曰，民事不可緩，荀子議兵及禮論皆言愼終如始，終始如一，襄十年，魏絳曰，抑臣願君安其樂，而思其終也。史記趙良曰，良藥苦口，利於疾，忠言逆耳，利於行，又曰，甘言華也，忠言實也，臧孫曰，季孫之愛我疾疢也，孟孫之惡我藥石也，美疢不如惡石，夫石猶生我疢之美，其毒滋多，論語法語之言，能無從乎？改之爲貴，巽與之言，能無說乎？繹之爲貴（考異三、頁二一）。

證：簡氏朝亮云：

孟子曰，民事不可緩也。無逸云，先知稼穡之艱難，襄十一年左傳云，書曰，居安思危。荀子云，愼終如始，漢書云，忠言逆耳利於行，論語云，說之不以道，不說也，亦所襲也（述疏，頁七三一）。

驗之簡氏之證，梅氏之辨是也。

嗚呼！弗慮胡獲？弗爲胡成？『一人元良，萬邦以貞』。

辨：梅氏鷟云：

左傳不索何獲，孟子曰，思則得之，不思則不得也。荀子曰，道雖邇，不行不至，事雖小不爲不成。禮文王世子引語曰，樂正司業，父師司成，一有元良，萬國作貞，鄭元注一，一人也，元之意，以世子一人有元良，則萬國以正矣。此人直用元注一人二字，而刪去有字，又曰，教諭而德成，又曰，德成而教尊，孟子有爲者，又曰，爲之而已矣（考異三、頁二二）。

證：惠氏棟云：

文王世子語曰，樂正司業，父師司成，一有元良，萬國以貞，閻若璩曰，禮記稱世子，今入伊尹口，以訓君長非也，又云，禮記作一有元良改爲一人，蓋見釋詁曰，元良首也，遂以此語實之，郭璞曰，元良未聞（尙書考、頁二七二三）。

吳氏闓生云：

案左傳昭二十三年，吳公子光曰，吾聞之曰，作事威克其愛，雖小必濟，二十七年，吳公子光曰，上國有言曰，不索何獲，此同時所釆獲也，不必逸書，前語旣曰吾聞，故遂錄入胤征，此云上國有言，遂列於此，足見其綴輯之苦矣。梅云，禮文王世子引語曰，樂正司業……此直用鄭說改爲一人，而刪有字（尙書大義、頁一二五）。

驗之惠氏、吳氏之證，梅氏之辨，其說是也。

君罔以辯言亂舊政、臣罔以寵利居成功。邦其永孚于休。

辨：梅氏鷟云：

秦誓惟截截善諞言，孔安國注惟察察便巧善，爲辯佞之言，使君子回心易辭，老子曰，持而盈之不如其巳，富貴而驕，自遺其咎，功成名遂，身退天之道，又曰，功成而不處，此不以寵利居成功之謂也。君奭曰，厥基永孚于休（考異三、頁二二）。

證：簡氏朝亮云：

老子云，功成而不居，又云，功成身退，天之道，君奭云，厥基永孚于休，此其所襲也（述疏、頁七三一）。

吳氏闓生云：

措語漫無主旨，不知何爲而發，罔以辨言舊政，見禮王制，梅云，君奭厥基永孚于休（尙書大義、頁一二五）。

驗之簡氏、吳氏之證，梅氏之辨言而有證，其說是也。

咸有一德

伊尹既復政厥辟，將告歸，乃陳戒于德。曰：嗚呼！天難諶，命靡常，常厥德，保厥位；厥德靡常，九有以亡。

辨：梅氏鷟云：

既字用金縢既克商之既，復政厥辟用洛誥復子明辟之句，作僞書者，循漢儒誤解之失，而改子字爲政字，改明字爲厥字。其下文云，大相東土，其基作民明辟，又云，孺子來相宅亂，爲四方新辟正釋此明辟二字之意，欲其君於土中，非偏安西土之比，故曰明辟欲其君於新邑，四方道理之中，故曰四方新辟，故特發此二例。君奭曰，天命不易，天難諶。詩大雅曰，天難諶斯，又曰，天命靡常（考異三、頁二三）。

證：吳氏闓生云：

洛誥，朕復子明辟，猶云復命于吾君耳，舊傳以復辟釋之，此妄說也。梅云，君奭天難諶，詩天難諶期，又曰命靡常（尚書大義、頁一二五—一二六）。

驗之吳氏之證，梅氏之辨，其說是也。然梅氏之辨未備，今錄後儒之說，以補證之。

補：簡氏朝亮云：

曲禮云，大夫七十而致仕，謂告歸也。戰國策云，商君告歸，此其所襲也。高宗肜日云惟天監下民，典厥義，易恒六五云，恒其德，墨子引大誓云，上帝不常，九有以亡，此其所襲也

（述疏、頁七三二）。

夏王弗克庸德，慢神虐民。

辨：梅氏鷟云：

中庸庸德之行，又承上文常德，又以多士，是弗克庸帝，改帝爲德，大淫泆有辭以慢神虐民易之。惟時天罔念聞，厥惟廢元命，降致罰，約以皇天弗保四字，乃命爾先祖，成湯革夏，則又敷衍爲啓廸有命，至爰革夏正，又曰，罔顧于天顯明祇，惟時上帝不保，故易之以慢神虐民，皇天不保（考異三、頁二三）。

證：惠氏棟云：

中庸庸德之行（尚書考、頁三七二四）。

簡氏朝亮云：

多士云，夏弗克庸帝（述疏、頁七三二）。

又朱氏駿聲尚書古注便讀（卷三頁七四）亦證同。驗之惠氏、簡氏、朱氏之證，梅氏之辨是也。

皇天弗保，監于萬方，啓廸有命，眷求一德，俾作神主。

辨：梅氏鷟云：

大雅皇矣，上帝監觀四方，多士上帝不保，詩乃眷西顧，又云，求民之莫，又云，百神爾主矣，此簡凡用一德者四，倒用德惟一者一，單用一字者，四，單用德字者八，以德惟一，照出德二三者一，皆非漢人以前文體（考異三、頁二四）。

證：閻氏若璩云：

姚際恒立方論，咸有一德曰，篇中凡句末用德字者十一，乃陳戒于德，常厥德，夏王弗克庸德，眷求一德，咸有一德，惟天佑于一德，惟民歸于一德，惟天降災祥在德，惟新厥德，臣爲上爲德，可以觀德是也，句末用一字者四，德惟一，始終爲一，惟和惟一，協于一是也，句末用一德字者四，眷求德，咸有一德，惟天佑于一德，惟民歸于一德是也，其句內所用一字德字，又不在此數，通篇將題字，面糾纏繳撓，此殆學習者所爲耳（疏證四、頁三三五）。

朱氏駿聲云：

皇矣上帝監觀四方，詩大雅文也。百神爾主矣，詩卷阿文（古注便讀、卷三、頁七四）。

驗之閻氏、朱氏之證，梅氏之辨是矣。

惟尹躬曁湯，咸有一德。克享天心，受天明命，以有九有之師，爰革夏正。

辨：梅氏鷟云：

緇衣尹吉曰，惟尹躬及湯，咸有一德，鄭氏曰，吉讀爲告，告古文誥字之誤也，尹告伊尹之告也，書序以爲咸有一德今亡，古文一作壹，史記伊尹作成咸有一德，咎單作明居，皆在湯崩之先，司馬貞曰尚書伊尹作咸有一德，在太甲時，太史公記之於斯，謂成湯之日，其言又失次序（考異三、頁二四）。

證：閻氏若璩云：

緇衣兩引咸有一德，一曰惟尹躬及湯咸有一德，一曰惟尹躬先見于西邑夏，自周有終，相亦惟終，此篇鄭康成序書在湯誥後，咎單作明居前，馬遷亦親受逸書者，即繫於成湯紀內，是必於太甲無涉矣，王肅注云，言君臣皆有一德，是必當時臣工贊美湯君臣之辭，故君則號，臣則字，不必作於湯前，僞作者止見書序爲伊尹作咸有一德，遂將緇衣所引盡竄入于其口（疏證四、頁三二八）。

補：簡氏朝亮云：

驗之閻氏之證，梅氏之辨，其說是也。然梅氏亦有疏遺者，今取後儒之言，以補證之。

多方云，乃胥惟虐民，詩商頌云，奄有九有，皆所襲也。其天命有九有者，乃承惟尹躬暨湯而言也，然則伊尹貪天之功以爲己力乎？將伊尹亦有九有，而與湯共天下乎？此僞者之窒也（述疏、頁七三二）。

非天私我有商，惟天佑于一德，非商求于下民，惟民歸于一德。

辨：梅氏鷟云：

楚辭皇天無私阿兮，覽民德焉錯輔。多士我有周佑命，又曰，我其敢求位（考異三、頁二一四）。

此語之僞，各家雖爲之辨證，但言其因襲則異，今補證之。

補：簡氏朝亮云：

多方云，非天庸釋有夏，易大有上九云，自天祐之，吉无不利。詩泂酌云，民之攸歸（述疏、頁七三二）。

德惟一，動罔不吉；德二三，動罔不凶。惟吉凶不僭，在人，惟天降災祥，在德。

辨：梅氏鷟云：

成八年，季文子曰，霸主將德是以，而二三之，其何以長有諸侯乎？引詩女也，不爽士貳，其行士也，罔極二三其德（考異三、頁二四）。

證：王氏鳴盛云：

詩二三其德，成八年傳季文子曰，霸主將德是以，二三之，何以長有諸侯乎（尚書後案、頁四八四九）？

驗之王氏之證，梅氏之辨是也。然梅氏之言亦有未備者，今取後儒之說，以補證之。

補：簡氏朝亮云：

詩商頌云，天命降監，又云，不僭不濫。呂刑云，非天不中，惟天在命。皋陶謨云，吉哉，言吉德也。孝經云，不在於善而皆在於凶德。說文云，吉，善也。商書云，天毒降災，明其凶也。易繫辭傳云，吉事有祥，皆其所襲也（述疏、頁七三三）。

今嗣王新服厥命，惟新厥德，終始唯一，時乃日新。

辨：梅氏鷟云：

詩其命維新，荀子議兵篇，愼終如始，終始如一，夫是之謂大吉，湯之盤銘曰，苟日新。禮論又曰，君子敬始而愼終，終始如一。召誥曰，越厥後王後民，茲服厥命。召誥又曰，今王嗣受厥命，又曰，王乃初服。漢書王莽傳曰，日新其德，又曰，包其終始，一以貫之（考異三、頁二五）。

證：惠氏棟云：

閻曰召誥越厥後王後民，茲服厥命，又曰，今王嗣受厥命，又曰王乃初服。論語曰，有始有卒者，其惟聖人乎？孔安國注云，終始如一，惟聖人耳，梅氏以孔傳尚書，故用其語，閻若璩曰，荀子議兵篇，愼終如此，終始惟一，夫是之謂大吉。湯之盤銘曰，苟日新（尚書考、頁三七二四）。

又簡氏朝亮尚書集注述疏（頁七三三）、朱氏駿聲尚書古注便讀（卷三、頁七四）等書皆從梅氏說，足可證梅氏之辨是也。

任官惟賢材，左右惟其人。臣爲上爲德，爲下爲民；其難其愼，惟和惟一。

辨：梅氏鷟云：

孟子曰，賢者在位，能者在職，王制曰，任官然後爵之，論語曰，擧賢材。文王世子曰，設四輔及三公，不必備，惟其人，伊尹曰，使是君爲堯舜之君，使是民爲堯舜之民，其難者如不已也，其愼者，不可不謹與也，惟和者，齊景公曰，惟遽與我和乎？晏子曰，和如和羹，又周官庶官乃和（考異三、頁二五）。

證：簡氏朝亮云：

皋陶謨云，能官人。論語云，舉賢才。詩卷耳序云，求賢審官，詩烝民序云，任賢使能，大戴禮云，昔者舜左禹而右皋陶、禮文王世子云，記曰虞夏商周，有師保，有疑承，設四輔及三公，不必備，惟其人，此其所襲也（述疏、頁七三三）。

雖有簡氏之證，但梅氏之辨簡略而未盡，今補證之。

補：簡氏朝亮又云：

易否九五云，其亡其亡，言難且愼也，詩序云，鳲鳩，刺不壹也，毛傳云，平均如一，蓋非和無以爲平均也，皆其所襲也。詩桑柔云，爲謀爲毖，詩皇矣云，其菑其翳，酒誥云，惟亞惟服，康誥云，惟威惟虐，今僞者襲其爲文也（述疏、頁七三三）。

德無常師，主善爲師；善無常主，協于克一。俾萬姓咸曰：大哉王言！又曰：一哉王心！克綏先王之祿，永底烝民之生。

辨：梅氏鷟云：

論語仲尼焉不學，何常師之有，又曰，三人行必有我師焉，擇其善而從之，又曰，予一以貫之。孟子王曰，大哉言乎！荀子曰，用心一也。大誥曰，克綏受茲命。盤庚曰，底綏四方（考異三、頁二五）。

證：簡氏朝亮云：

論語云，三人行，必有我師焉，擇其善者而從之，又云，夫子焉不學，而亦何常師之有（述疏、頁七三三）。

梅氏之辨，雖有簡氏爲之證，但簡氏病其略，又廣爲申辨，今補證之。

補：簡氏云：

易繫辭傳云，天下之動，貞夫一者也，易乾象傳云，大哉乾元，謂君德大也，蓋德大，則其言必大矣，禮緇衣云，王言如綸，蓋稱美之也，詩大明云，無貳爾心，詩黍苗云，王心則寧，詩楚茨云，以綏後祿，詩烝民云，天生烝民，皆其所襲也（述疏、頁七三三）。

嗚呼！七世之廟，可以觀德；萬夫之長，可以觀政。

辨：梅氏鷟云：

呂氏春秋引商書曰，五世之廟，可以觀怪，萬夫之長，可以生謀，高誘曰，逸書，今以德字易怪字，以觀政易生謀字，以七世字易五世字，按禮祖有功宗有德，漢書韋賢傳王舜劉歆議曰，禮記王制及春秋穀梁傳，天子七廟，諸侯五，大夫三，士二，其文曰，天子三昭三穆，與太祖之廟而七。諸侯二昭二穆，與太祖之廟而五，故德厚者流光，德薄者流卑，七者其正法數，可常數者也，宗不在數中，宗變也，苟有功德則宗之，不可預爲設數，故於殷太甲爲太宗，大戊曰中宗，武丁曰高宗，周公爲無逸之戒，舉殷三宗以勸成王由是言之，宗無數也，然則所以勸帝者之功德博矣，今因其後有論殷三宗之說，遂約爲此二句，又孟子子貢曰，見其禮而知其政，聞其樂而知其德（考異三、頁二六）。

證：惠氏棟云：

七廟之制，始于晚周，周公制禮以前，未之有也，喪服小記曰，王者禘其祖之所自出，以其祖配之，而立四廟，鄭注云，高祖以下，與始祖而五，漢家始四年，詔議毀廟事，丞相韋玄成等四十四人，皆王小記之說，蓋周公制禮時，文武尚在四廟之中，穆其以下二廟當毀，以其爲受命之王而不毀，穀梁王制祭法禮器並云七廟，荀卿、劉歆、班彪父子、王肅、孔晁、虞喜、干寶之從，咸以爲然，穀梁、王制、祭法、禮器皆晚周之書，荀卿法後王，又穀梁之從，故主七廟，劉歆創三宗不毀之說，班氏父子從而和之，王肅又從其說以駁鄭，于是造僞古文者，改呂氏春秋所引商書五世之廟爲七廟，孔晁、虞喜、干寶又皆在僞古文已出之後，故亦宗七廟之說，而不知其畔經而離道也（尚書考、頁三七一三）。

驗之惠氏之證，梅氏之辨，其說是也。

后非民罔使，民非后罔事。無自廣以狹人，匹夫匹婦，不獲自盡，民主罔與成厥功。

辨：梅氏鷟云：

孟子曰，伊尹曰，何事非君，何使非民。孟子匹夫匹婦，有不與被堯舜之澤者，若己推而納之溝中（考異三、頁二六）。

證：簡氏朝亮云：

孟子言伊尹云，思天下之民，匹夫匹婦，有不與被堯舜之澤者，若己推而納諸溝中，皆其所襲也（述疏、頁七三五）。

驗之簡氏之證，梅氏之辨是也。但梅說未詳言僞書因襲之跡，故又取簡氏之說以補證之。

補：簡氏朝亮云：

周語云，夏書曰，衆非元后何戴，后非衆無與守邦。禮表云，太甲曰，……蓋逸文也，今僞大禹謨，及大甲篇，皆襲焉，惠氏云，此又竊其意而變其辭爾，閻氏云，周語表記，所引文，以上民衆非后，與下后非民衆也，此爲告君之辭，今乃倒之，則爲告民之辭，非伊尹告大甲者矣，是也。荀子云，中蘬之言曰，自爲謀而莫己若者亡，謂自廣以狹人也，皆其所襲也（述疏、頁七三五）。

說命上

王宅憂，亮陰三祀，既免喪，其惟弗言。群臣咸諫于王曰：嗚呼！知之曰明哲，明哲實作則。天子惟君萬邦，百官承式，王言，惟作命，不言，臣下罔攸稟令。王庸作書以誥曰：以台正于四方，台恐德弗類，茲故弗言，恭默思道。夢帝賚予良弼，其代予言。乃審厥象，俾以形旁求于天下。說築傅巖之野，惟肖，爰立作相，王置諸其左右。命之曰：朝夕納誨，以輔台德。若金，用汝作礪；若濟巨川，用汝作舟楫；若歲大旱，用汝作霖雨。啓乃心，沃朕心。若藥弗瞑眩，厥疾弗瘳；若跣弗視地，厥足用傷。

辨：梅氏鷟云：

楚語白公子張曰，昔殷武丁能聳其德，至於神明，以入于河，自河徂亳，於是乎三年默以思道，卿士患之曰，王言以出令也，若不言是無所稟令也，武丁於是作書曰，以余正四方，余恐德之不類，茲故不言，如是而又以象夢求四方之賢聖，得傅說以來，升以爲公，使朝夕規諫曰，若金用女作礪，若津水用女作舟，若大旱用女作霖雨，啓乃心沃朕心，若藥不瞑眩，厥疾不瘳，若跣弗視地，厥足用傷，若武丁之神明也，其聖之叡廣也，其知之不疚也，猶自謂未乂，故三年默以思道，既得道猶不敢專制，使以象旁求聖人，既得以爲輔，又恐其荒失遺忘，故使朝夕規誨箴諫曰，必交修予無余棄也。喪服四制書云，高宗諒闇三年不言，此之謂也。史記帝武丁即位，思復興殷而未得其佐，三年不言，政事決於冢宰以觀國風，武丁夜夢得聖人名曰說，……得說於傅險中，擧以爲相殷國大治。坊記高宗云，三年其惟不言，言乃讙。呂氏春秋高宗天子也，即位諒闇三年不言，卿大夫恐懼患之。今按恭默思道，乃諒闇之注釋，晉人誤以爲經，且以爲高宗自言，尤非其代予言一句。國語、禮記及呂氏春秋皆無之，晉人蓋因論語聽于冢宰三年之語，而造此一言也，觀下爰立作相，蓋以此相當冢宰也，其他悉皆攘竊之辭，昭六年叔向曰，書曰，聖作則，杜注逸書（考異三，頁二七—二八）。

證：宋氏鑒云：

敬考說命之作，全藍本於此（案國語），而誤讀國語合二事爲一事，國語于茲故不言，下特曰如是，而又使以象夢求四方之賢聖，即白公子張之釋之者，于三年默以思道，下持曰，既得道猶不敢專制，使以象旁求聖人，是不言思道者一事，夢求得說者又一事，分晰至爲明切，……韋昭善讀國語，故曰非也……作象求傅說者，又一時也，分之則于經傳，所言無不合，合之則顯，悖此眞僞之辨矣。

又云：

敬考據諸傳，所稱高宗不言，與夢說事絕不相蒙者也，其論語，禮記皆引無逸爲說，淮南亦無逸之變文，呂覽所述與國語合，亦即無逸而敷暘其旨，今就無逸觀之，其曰亮陰不言，則無免喪，猶不言可知也，曰言乃雍，則非終不自言，而猶待得人，以代言可知也，惟欲由不言，牽合夢說，不得不遷就其辭，致多抵捂矣（考辨、卷四、頁二五—二六）。

王氏鳴盛云：

此篇之文，俱見國語，詳見下文，又見呂氏春秋卷十八重言覽，竹書紀年卷上商紀。史記卷三殷本紀。孟子卷十二告子下篇。楚辭卷一離騷經，墨子卷二尙賢中篇，及下篇。劉向說苑卷十一善說篇。王符潛夫論卷一論榮篇，晉人作僞尙書者，采取諸文而參合增飾以入之（尙書後案、頁四八五一—四八五二）。

驗之宋氏、王氏之證，可知梅氏之辨考證精確，其說可從也。

惟暨乃僚，罔不同心，以匡乃辟，俾率先王，迪我高后，以康兆民。

辨：梅氏鷟云：

詩及爾同僚，盤庚暨予一人，猷同心，論語一匡天下，詩率由舊章，盤庚乃話民之弗率迪高后，武成又云：以濟兆民，畢命又云，以康四海，率乃祖考之攸行，昭乃辟之有義（考異三、頁二八）。

證：簡氏朝亮云：

詩板云，及爾同僚，盤庚云，迪高后（述疏、頁七三六）。

驗之簡氏之證，梅氏之辨是也。

嗚呼！欽予時命，其惟有終。說復于王曰：惟木從繩則正，后後諫則聖。后克聖，臣不命其承，疇敢不祗若王之休命。

辨：梅氏鷟云：

堯典欽若，詩時周之命，又鮮克有終。孟子有復于王者曰，又云，繼之以繩以爲直，不可勝用也，記繩墨之於曲直，繩誠陳不可欺以直，漢書從諫如轉圜，任座曰，主聖則臣直。堯典曰，疇咨，多方，我惟祗告爾命，詩對揚王休（考異三、頁二八—二九）。

梅氏之辨，雖然有據，但後儒皆異其說，故可知梅氏之辨亦有疏略者，今補證之。

補：朱氏駿聲云：

木負繩者正，君受諫者聖，劉向說苑正諫篇文也。木受繩則直，人受諫則聖，說苑建本篇述孔子之言也，亦見王肅家語，此篇之文，又見呂覽重言篇、竹書紀年商紀、史記殷本紀、孟子滕文公告子篇、楚辭離騷篇、墨子尚賢中下篇、說苑善說篇、潛夫論論榮篇、五德志篇也（古注便讀、卷三、頁九八）。

補驗朱氏之證、梅氏之辨備矣。

說命中

惟說命總百官。

辨：梅氏鷟云：

論語百官總己以聽于冢宰（考異三、頁二九）。

證：宋氏鑒云：

論語子張曰，「書云，高宗諒陰三年不言，何謂也，子曰，何必高宗，古之人皆然，君薨百官總己以聽于冢宰三年」。敬考子張疑三年不言，臣民何所奉命，故孔子告以聽于冢宰，此孔子能言夏殷之禮，蓋亦學無常師，而知之者，其非書有明文，斷然可知，今作僞者，儼載百官，總己以聽冢于伊訓篇首，若然子張就讀伊訓及讀無逸，乃不能因此例彼通知其義，則此問，亦當在三隅不反之列，觀其勉強，綴屬上下文，絕不相蒙（考辨、卷四、頁五）。

驗之宋氏之證，梅氏之辨是也。

乃進于王曰：嗚呼！明王奉若天道，建邦設都，樹后王君公，承以大夫師長，不惟逸豫，惟以亂民。

辨：梅氏鷟云：

墨子尚同篇云，先王之書，相年之道，有之曰，夫建邦設都，乃作后王君，公卿大夫師長，非富貴佚而錯之，將以爲萬民興利除害，富貧安危，始亂也，下文又云，非正以治民也，孝經昔者明王，堯典，欽若昊天，漢書王者順成天命，周易建萬國，詩設都于禹之績，又武成建邦啓土，左傳邾文公曰，天生民而樹之君，內則后王命冢宰，降德于衆兆民，楚詞橘頌后王嘉樹。孟子君一位，公一位，大夫師長見周禮，逸豫已見五子之歌此重出，周書亂爲四輔，顧命其能亂四方，洛誥亂爲四方新辟（考異三、頁二九）。

證：惠氏棟云：

揚雄劇秦美新曰，奉若天命，墨子尚同曰，先王之書……卿大夫師長，否用佚也，又云，古者建國設都，乃立后王君公，奉以卿士師長，此非欲用說也（尚書考、頁三七二四）。

王氏鳴盛云：

文十三年左傳云，邾文公曰，天生民而樹之君，以利之也，墨子尚同篇云，先王之書，相年之道，……又云古者建國設都，……唯辨而使助治天助明也（尚書後案、頁四八五三）。

驗之惠氏、王氏之證、梅氏之辨是也。

惟天聰明，惟聖時憲，惟臣欽若，惟民從乂。

辨：梅式鷟云：

今文天聰明，自我民聰明，漢書上天聰明，論語惟堯則之，中庸憲章文武，欽若二字見堯典，政乃乂見禹謨（考異三、頁二九）。

證：王氏鳴盛云：

皐陶謨，天聰明，及揚子法言問明篇，惟天爲聰，惟天爲明，惟臣欽若句，則本之堯典，欽若昊天（尚書後案、頁四八五三）。

又簡氏朝亮尚書集注述疏（頁七三七）、朱氏駿聲尚書古注便讀（卷三頁九九）亦同。驗之王氏、簡氏、朱氏之證，梅氏之辨是也。

惟口起羞，惟甲胄起戎，惟衣裳在笥，惟干戈省厥躬。王惟戒茲，允茲克明，乃罔不休。

辨：梅氏鷟云：

緇衣兌命曰，惟口起羞，惟甲胄起兵，惟衣裳在笥，惟干戈省厥躬正同，但戎字作兵，鄭氏曰，允當作說，謂殷高宗之臣，傅說也，作書以命高宗，尚書篇名也（考異三、頁三〇）。

證：惠氏棟云：

緇衣兌命曰，惟口起羞，……尚書篇名也，管子大匡篇云，從列士以下，有善衣裳賀之（尚書考、頁三七二四）。

又王氏鳴盛尚書後案（頁四八五三）、程氏廷祚晚書訂疑（頁一九八二）、朱氏駿聲尚書古注便讀（卷三頁九九）亦同。驗之惠氏、王氏、朱氏之證，梅氏之辨是也。然梅說尚有疏略者，今取後儒之說以補證之。

補：簡氏朝亮云：

說文云：戎，兵也，故竄兵爲戎，戒者，襲中庸言戒愼也，襄二十一年，左傳云，夏書曰，允出茲在茲，皆其所襲也（述疏、頁七三七）。

惟治亂在庶官，官不及私昵，惟其能。爵罔及惡德，惟其賢。慮善以動，動惟厥時。有其善，喪厥善，矜其能，喪厥功。惟事事乃其有備，有備無患。無啓寵納侮，無恥過作非，惟厥攸居，政事惟醇，黷予祭祀，時謂弗欽，禮煩則亂，事神則難。

辨：梅氏鷟云：

緇衣兌命曰，爵無及惡德，民立而正，事純而祭祀，是爲不敬，事煩則亂，事神則難，荀子君子篇，古者刑不過罪，爵不踰德，刑罰不怒罪，爵賞不踰德，亂世不然，刑罰怒罪，爵賞踰德，以族論罪，以世擧賢下文又曰，以義制事，則知所利矣，顏淵曰，願無伐善無施勞，老子曰，自伐者無功，自矜者不長，子貢曰，小人之過也必。文子曰，過而不改，是謂過矣，孟子曰，今之君子，過則順之，豈徒順之，又從而爲之辭，定元年士伯曰，啓寵納侮，其此之謂矣。正義曰，傅說進戒於王云，無啓寵納侮，古有此言，故曰，其此之謂矣（考異三、頁三〇一—三一）。

證：王氏鳴盛云：

爵罔及惡德，緇衣引兌命，又荀子性惡篇云，爵不踰德。左傳襄十一年，晉魏絳引書曰，居安思危，思則有備，有備無患。定元年左傳士彌牟曰，啓寵納侮，其此之謂矣，疏曰，古有此言，故曰，其此之謂矣。緇衣引兌命曰，爵無及惡德，事神則難（尚書後案、頁四八五三）。

簡氏朝亮云：

皐陶謨云，無曠庶官，昭十六年，左傳云，皆昵燕好也，論語云，願無伐善，荀子云，汝惟不矜，天下莫與汝爭能，此其所襲也。論語云，小人之過也，必文，孟子云、子路，人告之以有過，則喜，蓋喜者，必不恥焉，此其所襲也（述疏、頁七三七）。

驗之王氏、簡氏之證，梅氏之辨是也。

王曰：旨哉！說！乃言惟服，乃不良于言，予罔聞于行。

辨：梅氏鷟云：

詩曰，我言惟服，趙良曰，良藥苦口利於病，忠言逆耳利於行，子路有聞，未之能行，惟恐有聞（考異三、頁三一）。

證：簡氏朝亮云：

詩谷風毛傳云，旨，美也，詩板云，我言維服，惟與維通，此其所襲也（述疏、頁七三七）。

又朱氏駿聲尚書古注便讀（卷三頁一〇〇）、屈氏翼鵬尚書釋義（頁一八一）亦同。驗之王氏、簡氏、朱氏、屈氏之證，梅氏之辨是也。

說拜稽首曰：非知之艱，行之惟艱。王忱不艱，允協于先王成德。惟說不言，有厥咎。

辨：梅氏鷟云：

昭十年子皮曰，非知實難，將在行之。今之棐忱，又曰，忱恂于九德之行，多士聽念于先王勤家（考異三、頁三一）。

證：惠氏棟云：

昭十年左傳子皮曰，非知之實難，將在行之，司馬法曰，非知之難行之難（尚書考、頁三七二四）。

又王氏鳴盛尚書後案（頁四八五四）、程氏廷祚晚書訂疑（頁一九八二），簡氏朝亮尚書集注述疏（頁七三七）、朱氏駿聲尚書古注便讀（卷三頁一〇〇）、屈氏翼鵬尚書釋義（頁一八一）亦同。驗之惠氏等諸家之證，梅氏之辨是也。

說命下

王曰：來汝說！台小子，舊學于甘盤，既乃遯于荒野，入宅于河，自河徂亳，暨厥終罔顯。

辨：梅氏鷟云：

皐陶謨帝曰，來禹汝亦昌言，湯誓匪台小子，敢行稱亂，君奭在武丁時，則有若甘盤，而下文即云，率惟茲有陳，保乂有殷，故殷禮陟配天，多歷年所，是謂甘盤之有功于高宗，可謂大矣，今以爲舊學遯于荒野，入宅于河，自河徂亳，廢學如此，且以爲厥終罔顯者何也，急於崇重傅說之學，故無暇爲甘盤計也，無逸曰，舊勞于外，爰曁小人作，其即位，故撰此數語（考異三、頁三一）。

證：簡氏朝亮云：

來汝說者，襲堯典言格汝舜，皐陶謨言來禹也，僞傳云，既學而中廢，與今其終，遂無顯明，蓋傳以及今之終而言也，此僞古文，其僞中之僞者乎，竹書紀年云，小乙六年命世子武丁居于河，學于甘盤，此紀年之僞，無逸云，其在高宗時，舊勞于外，爰曁小人。蓋楚語所謂以入于河也。無逸云作其即位，蓋楚語所謂自河徂亳也。君奭云，在武丁，時則有若甘盤，……且無逸言舊勞於外，豈言舊學于外乎？此紀年之僞可知也，今僞古文者，又襲紀年而竄之，以爲曁學而入于河也，則僞中之僞也（述疏、頁七三八）。

驗之簡氏之證，梅氏之辨是也。

爾惟訓于朕志，若作酒醴，爾惟麴糵；若作和羹，爾惟鹽梅，爾交修予，罔予棄，予惟克邁乃訓。

辨：梅氏鷟云：

盤庚今我既羞告汝于朕志，若作酒醴四句見國語，又曰，必交修予毋予棄也，左傳引皐陶邁種德，立政用邁相我國家，召誥惟日其邁，詩我日斯邁（考異三、頁三一—三二）。

證：惠氏棟云：

左傳曰，和如羹焉，水火醯醢，鹽梅以烹魚肉。楚語白公子張，若武丁之神明，……故使朝夕規諫箴曰，必交修余，無余棄也（尚書考、頁三七二五）。

朱氏駿聲云：

若作酒醴四句見國語，亦有和羹，商頌那之篇也如和羹焉，水火醯醢，鹽梅以烹魚肉，左昭二十傳晏嬰之言也，故使朝夕規誨箴諫曰：必交修予，無余棄也，楚語白公子張述武丁之言也（古注便讀、卷三、頁一〇〇）。

又簡氏朝亮尚書集注述疏（頁七三八）亦同。驗之惠氏、朱氏、簡氏之證，梅氏之辨是也。

說曰：王！人求多聞，時惟建事。學于古訓，乃有獲。事不師古，以克永世，匪說攸聞。

辨：梅氏鷟云：

論語多聞闕疑，又曰，多聞擇其善者而從之，詩古訓是式，語先難後獲，事不師古，以克永世，秦博士淳于越之言也（考異三、頁三二）。

證：惠氏棟云：

史記秦始皇本紀博士淳于越曰，事不師古，而能長久者，非所聞也（尚書考、頁三七二五）。

驗之惠氏之證，梅氏之辨是也。惟「王，人求多聞」，梅氏云僞者因襲論語，「多聞闕疑」，後儒多異之，亦可知梅氏之疏也，今補證之。

補：簡氏朝亮云：

說曰王者，襲陶謨稱禹曰，帝也，楚語云，人之求多聞善敗，以監戒也。周書芮夫篇云，古人求多聞以監戒，此其所襲也，漢志引大誓云，正稽古立功立事，可以永年，鴻範傳云，建立也，皆其襲也（述疏、頁七三八）。

惟學遜志，務時敏，厥修乃來，允懷于茲。道積于厥躬，惟斆學半，念終始典于學，厥德修罔覺。監于先王成憲，其永無愆。惟說式克欽承，旁招俊乂，列于庶位。

辨：梅氏鷟云：

文王世子引兌命曰，念終始典于學，學記曰，古之王者，建國君民，教學爲先，兌命曰，念終始典于學，其斯之謂乎？學記又曰，故教學相長也，兌命曰，學學半其斯之謂乎！又引兌命曰，敬遜務時敏，厥脩乃來，鄭康成注曰，兌命當作說命，改學爲斆者，用盤庚斆于民，詩不愆不忘，率由舊章，孟子曰，遵先王之法而過者，未之有也，太甲旁求俊彥，皐陶謨曰，俊乂在官。無逸曰，是叢于厥身（考異三、頁三二）。

證：惠氏棟云：

學記兌命曰，敬遜務時敏，厥修乃來，學記兌命曰，學學半。文王世子學記引兌命曰，念終始典于學，汲郡古文曰，武丁六年，命卿士傅說，視學養老。孟子曰。詩云，不愆不忘，率由舊章，遵先王之法而過者，未之有也（尚書考、頁三七二五）。

又王氏鳴盛尚書後案（頁四八五五）、程氏廷祚晚書訂疑（頁一九八二）、孫氏喬年尚書古文證疑（卷四頁九）、宋氏鑒尚書考辨（卷三頁一一）皆同說。驗之惠氏、王氏、程氏等諸家之證，梅氏之辨是也。

王曰：嗚呼！說！四海之內，咸仰朕德，時乃風。股肱惟人，良臣惟聖。

辨：梅氏鷟云：

大禹謨，帝曰，俾予從欲，以治四方，風動惟乃休。孟子聞伯夷柳下惠之風，伊尹獨不言風，范仲淹嚴陵記先王之德，山高水長，李泰伯請改德爲風，仲淹幾於下拜，傅說在焉，而曰，風或者未妥帖者乎。皐陶謨，股肱喜哉，元首起哉，股肱備，而成人似也，良臣一句不成辭，少輔字與君字故也（考異三、頁三二一三三）。

證：簡氏朝亮云：

皐陶謨云，股肱良哉，傅毅廸志詩，亦稱爰作股肱也，此其所襲也。

雖然簡氏爲梅氏驗證之，但梅說簡略，故簡氏又補證之，今錄補之。

補：簡氏云：

詩關雎序云，形四方之風（疏、頁七三九）。

昔先正保衡，作我先王。乃曰：予弗克俾厥后惟堯舜，其心愧恥，若撻于市。一夫不獲，則曰時予之辜。

佑我烈祖，格于皇天。爾尙明保予，罔俾阿衡，專美有商。

辨：梅氏鷟云：

雲漢之詩曰，群公先正。緇衣引逸詩曰，昔吾有先正，其言明且清，孟子曰，伊尹曰，我豈若是爲堯舜之君哉，上句曰，予弗克俾厥后惟堯舜，乃伊自言口氣，下文遽曰，其心於文理口氣，皆不妥帖，北宮黝思以一毫挫于人，若撻之于市朝，匹夫匹婦，有不與被堯舜之澤者，今約爲一夫不獲四字，若己推而納之溝中，今約爲時予之辜四字，君奭曰，在昔成湯，既受命時，則有若伊尹，格于皇天，在太甲時，則有保衡，詩曰，嗟嗟烈祖，顧命爾尙明時朕言，用敬保元子釗，後漢書傅毅作廸志詩曰，於赫我祖，顯于殷國二迹，阿衡克光，其則注曰，阿衡，伊尹也（考異三、頁三三—三四）。

證：惠氏棟云：

緇衣詩云，昔我有先正，周詩辟公先正，君奭，在太甲時，則有若保衡，孟子述伊尹曰，吾豈若使是君爲堯舜之君哉，又云，若撻之于市朝，伊尹思天下之民，有不與被堯舜之澤者，若己推而納諸溝中。商頌嗟嗟烈祖。君奭曰，成湯既受命時，則有若伊尹格于皇天。閻若璩曰，傅毅廸志詩曰，於赫我祖，顯于殷國二迹，阿衡克光其則，注曰，阿衡，伊尹也，古文尙書曰，爾尙明保予，罔俾阿衡，專美有商，故曰二迹也，言傅說功比伊尹，而能光大其法則也（尙書考、頁三七二五）。

又簡氏朝亮尚書集注述疏（頁七三九）、朱氏駿聲尚書古注便讀（卷三頁一〇〇）皆同也。驗之惠氏、簡氏、朱氏之證，梅氏之辨是也。

惟后非賢不乂，惟賢非后不食。其爾克紹乃辟于先王，永綏民。說拜稽首曰：敢對揚天子之休命。

辨：梅氏鷟云：

君奭巫咸乂王家，論語事君敬其事，而後其食易，不家食吉，詩紹庭上下綏萬邦，堯典禹拜稽首，詩對揚王休，三國志鍾繇傳，注按漢書郊祀志，孝宣時，美陽得鼎有刻，書曰，王命尸臣官，茲枸邑尸臣拜手稽首曰，敢對揚天子之丕顯休命（考異三、頁三四）。

證：孫氏喬年云：

漢郊祀志，尸臣拜手稽首曰，敢對揚天子丕顯命休（古文證疑、卷四、頁九）。

雖有孫氏之證，但後儒多異其說，可知梅氏之辨未盡也，今補證之。

補：簡氏朝亮云：

樂記云，紹者繼也。文侯之命云，用會紹乃辟，釋詁云，永長也，綏安也，詩江漢云，虎拜稽首，對揚王休，又云，天子萬壽，僖二十八年左傳云，敢再拜稽首……此其所襲也（述疏、頁七三九）。

【附註】

註一：宋鑒尚書考辨、卷三，頁八。

註二：皇清經解續編一六、陳喬樅今文尚書經說考三十二上，頁一二四五五。

註三：皇清經解續編五、卷三五二、惠徵君古文尚書考，頁三七二一。

註四：尚書集注述疏、卷末下僞古文，頁七二一。

註五：皇清經解續編一、尚書古文疏證二，第十九，頁二九一—二九二。

註六：定本尚書大義、古文僞書考，頁一一九。

註七：皇清經解七、卷四三四中、王光祿尚書後案，頁四八四〇。

註八：中央研究院史語所集刊四種下，頁五四八，嚴一萍甲骨文斷代研究新例。

註九：孫喬年尚書古文證疑、卷三，頁一九。

註一〇：書傭論學集、頁二五七，仁字涵義之史的觀察，開明書店印行，民國五十八年三月初版。

第四節 周書證補(上)

泰誓上

惟十有三年春，大會于孟津。

辨：梅氏鷟云：

洪範訪道猶奉商正朔，而稱祀，此在誅紂之後也，紂未誅之先，方伐之之時，遽已改祀，而爲年乎？沛公汜水猶在誅秦滅項之後，曾以武王而不如沛公乎！注家以因箕子之辭，爲之解說，祇見其惑也（考異四、頁三）。

證：郝氏敬云：

案序云，十一年近是，此謂十有三年者，因洪範云，十有三年訪箕子，以爲武王訪箕子，即釋箕子囚之日，其釋箕子囚，即誅紂之日，而坿會其說非也。武王伐商下車訪道，惟日不足誠有之，而箕子宗國新喪，豈肯即言，故史記云，武王克殷後二年，問箕子殷所以亡，箕子不忍言，而洪範亦曰，王乃言非即問也，然則殷亡紂死，非箕子陳洪範之年，十三年作洪範，十一年伐商近是。……大抵漢唐諸儒說經，祇憑雜記，風影牽合，今當以洪範十有三年爲正，而序說十一年伐商近之，序先出或有所本（註一）。

閻氏若璩云：

歐陽永叔泰誓論出，而文王之寃始白，禮記中庸稱武王壹戎衣而有天下，樂記稱武王始而北出，再成而滅商，無所爲觀兵，更擧之事，自僞泰誓三篇興，以觀兵爲上篇，伐紂爲中下二篇，以合于書序十一年伐殷，一月戊午渡孟津之別，太史公書悉詳載之，由漢迄宋初未有敢辯其非者，而伊川程子出，則謂武王無觀兵，而武王之寃始白，是即張子所謂此事間不容髮，一日之間，天命未絕，則是君臣，當日命絕，則爲獨夫之意也，大哉言乎？三代以下，所未有也（註二）。

驗之郝氏、閻氏之證，梅氏之辨，其說是也。

王曰：嗟我友邦冢君，越我御事庶士，明聽誓！

辨：梅氏鷟云：

牧誓王曰，嗟我友邦冢君，御事無越我二字，召誥敢以王之讎民，百君子越友民，康誥越厥邦厥民，越厥小臣外正。大誥越爾御事，越尹氏庶士，御事越予小子，考翼越予沖人，蓋用大誥也（考異四、頁二）。

證：王氏鳴盛云：

牧誓云，嗟我友邦冢君，大誥云，越爾御事，又云，肆予告我友邦君，……越庶士御事（註三）。

又簡氏朝亮尚書集注述疏（頁七四〇）、朱氏駿聲尚書古注便讀（卷四頁一一一）等書皆同。驗之王氏等諸家之證，梅氏之辨是也。

惟天地萬物父母，惟人萬物之靈，亶聰明作元后，元后作民父母。

辨：梅氏鷟云：

此一節全出後漢書劉陶傳劉陶上疏曰，臣聞人非天地，無以爲生，天地非人，無以爲靈，是故帝非人不立，人非帝不寧，其曰，人非天地，無以爲生，即天地萬物父母一句之所從出也，天地非人，無以爲靈，即惟人萬物之靈一句之所從出也，帝非人不立，即亶聰明作元后二句之所從出也，人非帝不寧，即元后作父母一句之所從出也。……易傳曰，乾天也，故稱乎父，坤地也，故稱乎母，遂以天地萬物爲父母，禮運云，人者天地之心，遂以惟人萬物之靈，中庸曰，聰明睿知，足以有臨也，又於孟子所引天降下民，作之君，作之師，遂以亶聰明作元后，奪換帝非人不立之句，詩云，樂只君子，民之父母，孟子云，爲民父母行政，又因孟子兩作字，又襲洪範天子作民父母之作，遂以元后作民父母，奪換人非帝不寧之句，……皆蒐略詩人孟子、洪範之言，而非武王，當時實語也（考異四、頁二一四）。

證：惠氏棟云：

莊子達生曰，天地者，萬物之父母也。孝經曰，天地之性人爲貴，後漢書劉陶曰，臣聞人非天地，無以爲生，天地非人，無以爲靈，梅氏以陶通古文，故附會其說，閻曰，詩曰亶不聰，中庸聰明足以有臨也。洪範曰，天子作民父母，以爲天下王（註四）。又王氏鳴盛尙書後案（頁四八五七）、簡氏朝亮尙書集注述疏（頁七四〇）、朱氏駿聲尙書古注便讀（卷四頁一一一）等證同。驗之惠氏等後儒之證，梅氏之辨是也。

今商王受，弗敬上天，降災下民；沈湎冒色，敢行暴虐；罪人以族，官人以世。惟宮室臺榭，陂池，侈服，以殘害于爾萬姓。焚炙忠良，刳剔孕婦。

辨：梅氏鷟云：

史記帝紂資辨捷疾……剖比干囚箕子，又周本紀武王聞紂昏亂，暴虐滋甚。荀子君子篇以族論罪，以世擧賢，故一人有罪，三族皆夷，德雖如舜不免刑均是以族論罪也。略取淮南子本經訓，帝有桀紂爲琁室瑤臺，象廊玉牀，紂爲肉脯酒池，燎焚天下之財，罷苦萬民之力，刳諫者剔孕婦，攘天下虐百姓，又王術訓，以奉耳目之欲，志專在于宮室臺榭，陂池苑囿（考異四、頁五―六）。

證：惠氏棟云：

梅鷟曰，荀子君子篇，以族論罪，又曰，淮南子專在于宮室臺榭，陂池苑囿（尙書考、頁三七二五）。

驗之惠氏之證，梅氏之辨是也。然後儒又有增補梅氏之未備者，今補證之。

補：簡氏朝亮云：

微子云，我用沈酗于酒，詩蕩云，咨女殷商，天不湎爾以酒。文十八年左傳云，貪于飲食，冒于貨賂，蓋冒猶貪也。昭四年左傳云，紂作淫虐，此其所襲也。墨子云，昔者殷王紂刳剔孕婦。孟子云，世無世官，大戴禮云，紂作宮室高臺汙池，以爲民虐。亦其所襲也（註五）。

皇天震怒，命我文考，肅將天威，大勳未集。

辨：梅氏鷟云：

洪範乃震怒，詩文王受命，有此武功。坊記引泰誓曰，惟朕文考無罪。詩畏天之威，君奭誕將天威，論語文王三分天下有其二，武成又曰，我文考文王，克成厥勳，惟九年，大統未集。予小子其承厥志（考異四、頁六）。

證：閻氏若璩云：

書無逸稱文王受命惟中身，厥享國五十年，詩大雅稱文王受命有此武功，其受命之說，如此是而已，無稱王改元事也（疏證二、頁三〇五）。

王氏鳴盛云：

洪範云，帝乃震怒（尙書後案、頁四八五八）。

屈氏翼鵬云：

「肅將天威」，改易君奭之文（註六）。

驗之閻氏等後儒之證，梅氏之辨是也。

肆予小子發，以爾有邦冢君，觀政于商。惟受罔有悛心，乃夷居弗事上帝神祇，遺厥先宗廟弗祀，犧牲粢盛，既于凶盜，乃曰：吾有民有命，罔懲其侮。

辨：梅氏鷟云：

友邦冢君。見牧誓，又爲伊尹言萬夫之長，可以觀政，盤庚罔有逸言，論語原壤夷俟，牧誓昏厥肆祀，弗荅，昏棄厥遺王父母弟，不廸。微子攘竊神祇之犧牷牲，西伯戡黎王曰，我生不有命在天（考異四、頁七）。

證：惠氏棟云：

微子曰，今殷民乃攘竊神祇之犧牷牲，閻若璩曰晚出古文于棄厥先神祇不祀，下增犧牲粢盛二句，以合箕子之言（尚書考、頁三七二五）。

梅氏之辨，雖有惠氏之證，但後儒辨此段之因襲，多異其證，可見梅氏之辨亦有疏失矣，今補證之。

補：閻氏若璩云：

有一書被引數處，雖小有同異，辭則甚古者，墨子引泰誓紂夷居一段是也，天志中篇云，紂越厥夷居，不宜事上帝，棄厥先神祇不祀，乃曰吾有命，無廖僔務天下，天亦縱棄紂，而不葆，非命上篇云，紂夷處不宜事上帝鬼神，禍厥先神禔不祀，乃曰吾民有命，無廖排扇，天亦縱之，棄而弗葆，非命中篇云，紂夷之居，而不宜事上帝，棄厥其先神，而不祀也，曰我民有命，毋僇其務，天不亦棄，縱而不葆，今晚出古文于棄厥先神祇不祀，下增犧牲粢盛，既於凶盜二句以合箕子之言，删去天亦縱棄紂而不葆一句，以便下接孟子書，豈墨子所見，乃另一泰誓乎，亦可謂舛矣（疏證一、頁二八〇）。

簡氏朝亮云：

「觀政于商」，此襲漢志爲之也，史記楚世家云，楚武王伐隨，曰，我有敝用，欲以觀中國之政，言觀兵也，宣三年左傳云，楚子伐陸渾之戎，遂至於雒，觀兵于周疆，皆其所襲也（述疏、頁七四一）。

補驗之閻氏等後儒之證，以補梅氏之辨，其辨說因襲詳備矣。

天佑下民，作之君，作之師，惟其克相上帝，寵綏四方；有罪無罪，予曷敢有越厥志。

辨：梅氏鷟云：

此一節見孟子，但文字少異，天佑孟子作天降，惟曰其助上帝綏作之，無罪之下，有「惟我在」三字，而下句無予字，作天下曷敢，有越厥志，但引作書曰，而無泰誓曰字（考異四、頁七）。

證：王氏鳴盛云：

此節俱出孟子，趙岐曰，尚書逸篇，但天下降下民三句，後師曠述之曰，天生民而立之君，後又荀卿釋之，辭愈顯而意益加警曰，天生之民，非爲君也，天之立君，以爲民也，皆一脈相傳，足徵孟子所引之確，今泰誓改降爲佑意，覺索然不省，作僞者是何心，寵之四方，改寵綏四方，特因盤庚上篇有底綏四方句，故本之耳，又孟子所引自天降下民起，直到一人衡行天下武王恥之，皆書辭皆史官所作，故孟子從而釋之曰，此武王之勇也，亦猶上文引詩畢，然後從而釋之曰，此文王之勇也，正一例也。僞作者欲竄入武王曰，不得不去其末二句，又去惟我在旬，改天下曷敢有越厥志，爲予曷敢有越厥志，試思此段在泰誓者，曾有一毫似武王之勇，而孟子乃引之乎（尚書後案，頁四八五八）！

驗之王氏之證，梅氏之辨是也。

同心度德，同德度義。受有臣億萬，惟億萬心，予有臣三千，惟一心。

辨：梅氏鷟云：

成二年君子曰，泰誓所謂殷兆民離，周十人同者衆也，昭二十四年，左傳召簡公，南宮嚚以甘桓公見王子朝劉子謂萇宏曰，甘氏又往矣，對曰，何害，同德度義，泰誓曰，紂有億兆夷人，亦有離德，余有亂臣十人，同心同德，今按萇宏之言，正因泰誓同心同德之言，故言同德者，則能度義，今甘桓公，雖子朝，不過如紂之離德者耳，又襄三十年穆叔牟鈞擇賢義則卜之意，而與泰誓離德同德之義背馳矣，於是遂移萇宏所引之本文，於篇中而改曰，受有臣億萬，惟億萬心，予有臣三千，惟一心，則并同力度德之言，此其湊合補綴之大略如此也。嘗考之淮南子兵略訓，紂之卒百萬之心，武王之卒三千人，皆專而一，故千人同心，……紂有億兆夷人，惟億萬心即離心，萬字比兆字，則變而少矣，予有臣三千，即予有亂臣十人，惟一心即同心，三千比十人，則變而多矣，三千用孟子虎賁，三千人也。襄二十八年叔孫曰，武王有亂臣十人，崔子其有乎！又襄二十九年子太叔曰，棄同即異，是謂離德（考異四、頁八）。

證：王氏鳴盛云：

此節采之左傳，及管子而謬誤特甚，昭二十四年傳劉子謂萇弘曰，太誓曰，管子法禁篇引泰誓曰……雖文意相似，而實兩處之語非一語，而引者互異其詞也，故晚出書采左氏所引入之中篇，管子所引入之上篇方無遺漏是也，但同德度義，明係萇宏語，不然有不冠以太誓乎：以萇宏語亦爲武王語大謬一也。左傳杜預注度謀也，言惟同心同德則能謀，左氏度字本謀度之度，今作揆度之度，同力度德猶可解，同德度義使不可解矣，而孔傳乃彊爲之解曰，德鈞則秉義者強，夫德既鈞矣，又何謂之秉義乎，豈義在德之外，更居德之上乎，豈紂與武之德鈞，而武獨爲秉義者乎，即如其辭，又何以興起下，引太誓離德同德之義乎，大謬二也。而晚出書，忽變作武王自語，牴牾至此大謬三也（尚書後案、頁四八五九）。

驗之王氏之證，梅氏之辨是也。

商罪貫盈，天命誅之；予弗順天，厥罪惟鈞。

辨：梅氏鷟云：

湯誓曰：有夏多罪，天命殛之，又曰，予畏上帝，不敢不正。宣六年中行桓子曰，使疾其民，以盈其貫，將可殪也，因下文引周書曰，殪戎殷，故知商罪貫盈，猶不學面牆之類（考異四、頁九）。

證：惠氏棟云：

左傳中行桓子曰，使疾其民，以盈其貫，將可殪也，周書曰，殪戎殷，韓非子曰，是其貫將滿也（尚書考、頁三七二五）。

王氏鳴盛云：

左傳宣六年，中行桓子曰，使疾其民！又湯誓云，有夏多罪，天命誅之，予畏上帝，不敢不正，此節全祖其意（尚書後案、頁四八五九）。

又簡氏朝亮尚書集注述疏（頁七四一）證同。驗之惠氏、王氏、簡氏之證，梅氏之辨是也，然亦有未盡也，今補證之。

補：衞氏聚賢墨子引書考云：

中國古文無也字，取徵甲骨文，古文尚書的泰誓，是抄襲尚同下的太誓，而將有也的二句删去，將「發罪鈞」改爲「厥罪惟鈞」（註七）。

予小子夙夜祇懼，受命文考，類于上帝，宜于冢土，以爾有衆，底天之罰。

辨：梅氏鷟云：

王制天子將出征，類乎上帝，宜乎社，造乎禰，詩太王乃立冢土，王制又曰，受命于祖（考異四、頁九）。

證：惠氏棟云：

大傳曰，牧之野，武王之大事也，既事而退，柴于上帝，祈于社，王制曰，天子將出征，類乎上帝，宜乎社，造乎禰。又云，受命於祖，詩乃立冢土（尚書考、頁三七二五）。

又王氏鳴盛尚書後案（頁四八六〇）亦同。驗之惠氏等諸家之證，梅氏之辨是也。

天矜于民，民之所欲，天必從之。爾尚弼予一人，永清四海，時哉弗可失！

辨：梅氏鷟云：

詩矜此下民，襄二十一年，穆叔曰，泰誓云，民之所欲，天必從之，昭元年子羽亦引杜預注，周語單襄公亦引此二句，鄭語史伯亦引此二句，又周官亦曰，弼予一人時哉，弗可失！乃蒯通告韓信之言（考異四、頁九）。

證：惠氏棟云：

周語引者二，左傳襄二十年同，韋昭曰，今周書大誓無此言，其散亡乎（尚書考、頁三七二五）？

又程氏廷祚晚書訂疑（頁一九八三）同。驗之惠氏、程氏之證，梅氏之辨是也，然梅說抑未盡也，今補證之。

補：簡氏朝亮云：

多士云，天惟畀矜爾。召誥云，天亦哀于四方民，此其所襲也，言從欲者，襲左傳國語，所引大誓文爲之也，湯誓云，爾尙輔予一人。禮器云，堯授舜，……武王伐紂，時也，此其所襲也，時哉者，襲論語之爲文也，昭二十七年，左傳云，吳公子光曰，此時也，弗可失也，今僞者襲而竄之爾（述疏、頁七四四）。

泰誓中

惟戊午，王次于河朔，群后以師畢會。王乃徇師而誓。

辨：梅氏鷟云：

莊三年，凡師一宿爲舍，再宿爲信，過信爲次，此止舍之名也，序一月戊午渡孟津，此戊午止河北，河北去牧野四百餘里，戊午次河，而牧誓言甲子殺紂相去纔六日耳，疑戊午次河朔之語非是，且與序文戊午之日重複（考異四、頁九—一〇）。

證：簡氏朝亮云：

戊午者襲書序爲之也，莊三年左傳云，凡師，一宿爲舍，再宿爲信，過信爲次，書序云，戊午，師渡孟津，蓋戊午者，方渡之一日爾，今書次者，則僞之（述疏、頁七四四）。

驗之簡氏之證，梅氏之辨是也。

曰：嗚呼！西土有衆，咸聽朕言。

辨：梅氏鷟云：

牧誓，逖矣，西土之人。湯誓，格爾衆庶，悉聽朕言（考異四、頁一〇）。

證：簡氏朝亮云：

此襲湯誓，牧誓之文也（述疏、頁七四四）。

驗之簡氏之證，梅氏之辨是也。

我聞吉人爲善，惟日不足，凶人爲不善，亦惟日不足。

辨：梅氏鷟云：

易曰，吉人之辭寡，文十八年史克曰，四門穆穆，無凶人也，今行父，雖未獲一吉人，去一凶矣，小雅曰，降爾遐福，惟日不足（考異四、頁一〇）。

證：惠氏棟云：

吉人出易大傳，凶人出左傳，詩惟日不足（尚書考、頁三七二五）。

又王氏鳴盛尚書後案（頁四八六〇）、簡氏朝亮尚書集注述疏（頁七四四）亦同。驗之惠氏、王氏、簡氏之證，梅氏之辨是也。

今商王受，力行無度，播棄犂老，昵比罪人，淫酗肆虐，臣下化之。朋家作仇，脅權相滅。無辜籲天，穢德彰聞。

辨：梅氏鷟云：

牧誓今商王受，論語行有餘力，孟子子力行之，工不信度，惟爾洪無度，吳語申胥曰，今王播棄黎老，而孩提焉比謀，牧誓四方之多罪，逋逃，是崇是長，是信是使，微子我用沈酗于酒，小民方興，相爲敵讎。召誥以哀籲天，湯誥又曰，並告無辜于上下，僖九年郤芮曰，亡人無黨，有黨必有讎，桓七年，楚鬭廉曰，師克在和不在衆，商周之不敵，君之所聞也，成軍以出，又何濟焉，杜注商紂也，周武王也，傳曰，武王有亂臣十人，紂有億兆夷人（考異四、頁一〇）。

證：惠氏棟云：

牧誓曰，四方之多罪，逋逃，是崇是長，是信是使，是昵比罪人之事，梅鷟曰，僖九年，郤芮曰，亡人無黨，有黨必有讎，此因微子方興相爲敵讎言之（尚書考、頁三七二六）。

驗之惠氏之證，梅氏之辨是也，然其說未盡矣，今補證之。

補：朱氏駿聲云：

肆行非度左昭二十傳文，昔商紂有臣曰，王子須棄黎老之言，而用姑息之謀，尸子之言也。今王播棄黎老，而孩童焉比謀，吳語申胥之言也。殷王紂播棄黎老，賊誅孩子，誓毒無衆，墨子尙鬼篇文也，朋淫于家，虞書文也（註八）。

惟天惠民，惟辟奉天。有夏桀，弗克若天，流毒下國，天乃佑命成湯，降黜夏命。

辨：梅氏鷟云：

洪範惟天陰騭下民，董子曰，人君承天意以從事，古文又曰，奉若天命，多士我有周佑命，致王罰，敕殷命終于帝。又曰，有夏不適逸，弗克庸帝，厥惟廢元命，降致罰。乃帝爾先祖成湯革夏（考異四、頁一一）。

證：簡氏朝亮云：

以夏先言者，襲多方多士爲之也。於天降言黜夏命者，襲書序言黜殷命也，太公六韜云，夫紂流毒諸侯，欺侮辟臣，失百姓之心，皆其所襲也（述疏、頁七四五）。

驗之簡氏之證、梅氏之辨是也，但簡氏之說較精妥。

惟受罪浮于桀，剝喪元良，賊虐諫輔。謂己有天命，謂敬不足行，謂祭無益，謂暴無傷。厥鑒惟不遠，在彼夏王。天其以予乂民。

辨：梅氏鷟云：

表記欲行之，浮於名也。文王世子一有元良，史記紂曰，我聞聖人之心有七竅，剖比干而視之，剝字用剖字之意，喪字用出去之意，微子之命稱曰元子。西伯戡黎，我生不有命在天，上篇弗敬上天，微子攘竊神祇之犧牷牲，詩殷監不遠，在夏后之世，又國語太子晉引詩曰，殷監惟不遠，近在夏后之世，立政以乂我受民，又茲乃俾乂（考異四、頁一一）。

證：簡氏朝亮云：

此於上文，及上篇所言者，其辭雖異也，其意多複焉，僞者豈不知乎，將別爲之，則苦無所襲矣。禮文王世子云，語曰，一有元良，萬國以貞（述疏、頁七四五）。

吳氏闓生云：

案詩云，殷鑒不遠，在夏后之世，此陳古以刺今也。今武王言之，於義爲無取矣（註九）。

梅氏之辨，雖有簡氏、吳氏之證，但梅說未盡善矣，今補證之。

補：閻氏若璩云：

墨子引太誓之言於處發曰，惡乎君子，天有顯德，其行甚章，爲鑑不遠，在彼殷王，謂人有命，謂敬不可行，謂祭無益，謂暴無傷，上帝不常，九有以亡，上帝不順，祝降其喪，惟我有周受之（疏證五下、頁三五九）。

又王氏鳴盛尙書後案（頁四八六一）、宋氏鑒尙書考辨（卷三頁一七）、孫氏喬年尙書古文證疑（卷四頁一〇）、朱氏駿聲尙書古注便讀（卷四頁一一五）、屈氏翼鵬尙書釋義（頁一八三）等書皆同，可知閻氏等後儒之說是也。

朕夢協朕卜，襲于休祥，戎商必克。

辨：梅氏鷟云：

昭六年，史朝曰，筮襲于夢，武王所用也，杜注外傳云，泰誓曰，朕夢協朕卜，襲于休祥，戎商必克，此武王辭，今按外傳國語是也，周語單襄公云，其下云以三襲也（考異四、頁一一）。

證：王氏鳴盛云：

周語單襄公曰，吾聞之太誓，故曰，朕夢協于朕卜，襲于休祥，戎商必克，韋昭曰，太誓伐紂之誓也，故故事也，左傳昭七年，衞史朝曰，筮襲于夢，武王所用也（尚書後案、頁四八六一）。

驗之王氏之證，梅氏之辨是也。

受有億兆夷人，離心離德；予有亂臣十人，同心同德。雖有周親，不如仁人。

辨：梅氏鷟云：

襄二十九年，子太叔曰，棄同即異，是謂離德，成公二年，臧宣叔曰，泰誓所謂商兆民離，周十人同。昭二十四年，萇宏曰，紂有億兆夷人，亦有離德，予有亂臣十人，同心同德。論語武王曰，予有亂臣十人，又曰，雖有周親，不如仁人（考異四、頁一二）。

證：惠氏棟云：

左傳萇弘曰，同德度義，大誓曰，紂有億兆夷人，亦有離德，余有亂臣十人，同心同德，此周所以興也。論語武王曰，予有亂臣十人。論語堯曰篇曰，雖有周親，不如仁人，而百姓有過，在予一人，孔安國注曰，親而不賢不忠則誅之，管蔡是也，仁人謂箕子，微子來則用之。閻若璩曰，安國于論語，周親仁人之文，則引管蔡微箕以釋之，而周之才，不如商，于尚書之文，則釋曰，周至也，言紂至親，雖多不如周家之多仁人，而商之才，又不如周，其相懸絕如是，是豈一人之手筆乎（尚書考、頁三七二六）。

又王氏鳴盛尚書後案（頁四八六一）、簡氏朝亮尚書集注述疏（頁七四五）、程氏廷祚晚書訂疑（頁一九八二）、孫氏喬年尚書證疑（卷四頁一七）等諸家之說亦同。驗之惠氏等各家之證，梅氏之辨是也。

天視自我民視，天聽自我民聽，百姓有過，在予一人。今朕必往。

辨：梅氏鷟云：

孟子泰誓曰，天視自我明視，天聽自我民聽，論語曰，百姓有過，在予一人，湯誓曰，夏德若茲，今朕必往（考異四、頁一二）。

證：王氏鳴盛云：

見孟子引太誓「百姓有過，在予一人」二句見論語堯曰篇，又見墨子、說苑及韓詩外傳（尚書後案、頁四六二）。

又簡氏朝亮尚書集注述疏（頁七四六）、朱氏駿聲尚書古注便讀（卷四頁二五）等諸家之說亦同。驗之以上王氏等諸家之證，梅氏之說是也。

我武惟揚，侵于之疆，取彼凶殘，我伐用張，于湯有光。

辨：梅氏鷟云：

孟子我伐作殺伐，取彼凶殘，作則取于殘（考異四、頁一二）。

證：惠氏棟云：

孟子大誓曰，我武惟揚，侵于之疆！于湯有光，趙岐曰，大誓古尚書百二十篇之時大誓也，今之尚書大誓篇後得以充學，故不與古大誓同，諸傳記引大誓，皆古大誓也（尚書考、頁三七二六）。

又宋氏鑒尚書考辨（卷三頁七）、孫氏喬年尚書古文證疑（卷四頁一一）、簡氏朝亮尚書集注述疏（頁七四六）、朱氏駿聲尚書古文注便讀（卷四頁一一五）、屈氏翼鵬尚書釋義（頁一八三）等諸家之說亦從之。驗之惠氏等諸家之證，梅氏之辨是也。

辨：梅氏鷟云：

勗哉夫子，罔或無畏，寧執非敵，百姓懍懍，若崩厥角。嗚呼！乃一德一心，立定厥功，惟克永世。

牧誓勗哉夫子，孟子無畏寧爾也，若崩厥角稽首，今敢改削其文如此，然寧爾之言，王言也，不可易也，一德一心，即同心同德之謂，詩者定爾功，秦本紀以克永世（考異四、頁一二）。

證：姚氏範云：

若崩厥角，此既不協，孟子所引書，何不改此一句，想以孟子不云書曰耳耳，寧執非敵，百姓懍懍，罔或無畏，皆割截孟子用之，不知孟子正引書也。又班孟堅諸侯王表厥角稽首正用書同孟子，又王融曲水詩序，屈郗厥角，仍用趙岐孟子注亦不用孔傳（註一〇）。

驗之姚氏之證，梅氏之辨是也。

泰誓下

時厥明，王乃大巡六師，明誓衆士。

辨：梅氏鷟云：

厥明者，戊午之明日也，詩六師及之，允征又云，爾衆士同力王室（考異四、頁一二）。

證：簡氏朝亮云：

牧誓云，時甲子昧爽，今襲其爲文也，詩棫樸云，周王于邁，六師及之，蓋文王旣有六師矣，呂氏春秋云，武王即位，以六師伐殷，周語云，布戎于牧之野，所以厲六師，此其所襲也（述疏、頁七四六）。

驗之簡氏之證，梅氏之辨是也。

王曰：嗚呼！我西土君子！天有顯道，厥類惟彰。

辨：梅氏鷟云：

牧誓西土之人，孟子君子實元黃，于篚以迎其君子，康誥弗念天顯，孝經則天之明，左傳以象天明，孔傳其義類惟明，詩而秉義類，易知微知彰（考異四、頁一三）。

證：簡氏朝亮云：

牧誓云，逖矣西土之人，此其所襲也，酒誥云，我西土棐徂邦君，又云，越庶伯君子，今襲其爲文也（述疏、頁七四六）。

雖有簡氏爲之驗證，但梅說未盡矣，今補證之。

補：惠氏棟云：

墨子非命曰，於去發曰，惡乎君子，天有顯德，其行甚章（尚書考、三七二六）。

又程氏廷祚晚書訂疑（頁一九八三）、孫氏喬年尚書古文證疑（卷四頁一一）、朱氏駿聲尚書古注便讀（卷四頁一一六）等諸家之說皆同。補驗之惠氏等諸家之證，梅氏之辨備矣。

今商王受，狎侮五常，荒怠弗敬，自絕于天，結怨于民。

辨：梅氏鷟云：

論語狎大人侮聖人之言。甘誓威侮五行，怠棄三正，以狎字代威字，以常代行，下句用怠字，而以弗敬字易三正字，欲人迷其蹤也。詩無遏爾躬，西伯戡黎，惟王淫戲用自絕，戰國策燕昭王曰，我自結怨，深怒于齊（考異四、頁一三）。

證：簡氏朝亮云：

夏書云，威侮五行，蓋五常者，五行之理也，商書云，惟王淫戲用自絕（述疏、頁七四七）。

梅氏之辨，雖有簡氏爲之證，但梅說未盡矣，今補證之。

補：簡氏朝亮又云：

禮哀公問云，荒怠敖慢，言弗敬也。荀悅漢紀云，昌邑之廢，豈不哀哉，書曰，殷王受自絕于天，言自取之也。酒誥云，厥命罔顯于民，祇保越怨不是，此其所襲也（述疏、頁七四七）。

斮朝涉之脛，剖賢人之心；作威殺戮，毒痡四海；崇信姦回，放黜師保；屏棄典刑，囚奴正士；郊社不修，宗廟不享。

辨：梅氏鷟云：

史記冬月見朝涉水者，謂其脛耐寒，斬而視之，比干強諫紂怒曰，吾聞聖人心有七竅，剖比干觀其心。洪範惟辟作威。呂刑殺戮無辜。牧誓惟四方之多罪逋逃，是崇是長，是信是使，今摘取崇信二字。襄十四年劉定公曰，師保萬民，正義引泰誓曰，放黜師保，詩咨汝殷商，雖無老成人，尚有典刑，曾是莫聽。論語箕子爲之奴。史記紂囚箕子爲奴，牧誓昏棄厥肆祀弗答。微子攘竊神祇之犧牷牲，用以容將食無災。宣四年王孫滿曰，商紂暴虐，其下有姦回昏亂之句，襄三十三年閔馬父曰，姦回不軌，禍倍下民可也。中庸宗廟享之（考異四、頁一三一一四）。

證：惠氏棟云：

閻若璩曰，牧誓是崇是長，是信是使，摘取崇信二字，宣四年王孫滿曰，商紂暴虐其下，又有姦回昏亂之句，襄三十三年閔馬父曰，姦回不軌，禍倍下民可也（尚書考、頁三七二六）。

簡氏朝亮云：

史記云，比干彊諫，紂怒曰，吾聞聖人心有七竅，剖比干，觀其心，箕子懼，乃詳狂爲奴，紂又囚之。史記言大誓云，是崇是長，是信是使，牧誓有此文，宣三年左傳云，商紂暴虐，此其下文所謂姦回昏亂者也，商書云，微子若曰，我不顧行遯，則放黜可知也。詩蕩云，殷不用舊，雖無老成人，尚有典刑，曾是莫聽，大命以傾，則其所屏棄，故也（述疏、頁七四七）。

驗之簡氏之證，梅氏之辨是也。

作奇技淫巧，以悅婦人。

辨：梅氏鷟云：

王制曰作淫聲異服，奇技奇器，以疑衆殺，月令毋或作爲淫巧，以蕩上心。漢書禮樂志曰，書序殷紂斷棄祖宗之樂，迺作淫聲，用變亂正聲，以悅婦人（考異四、頁一四）。

證：惠氏棟云：

閻若璩曰，王制曰，作淫聲異服，奇巧奇器，以疑衆殺，月令曰，毋或作爲淫巧，以蕩上心。漢書禮樂志曰，書序殷紂斷棄祖宗之樂，乃作淫聲，用變亂正聲，以悅婦人（尚書考、頁三七二六）。

又王氏鳴盛尚書後案（頁四八六四）、簡氏朝亮尚書集注述疏（頁七四七）、朱氏駿聲尚書古注便讀（卷四頁一一六）等書證同。驗之惠氏等後儒之證，梅氏之辨是也。

上帝弗順，祝降時喪。爾其孜孜，奉予一人，恭行天罰。

辨：梅氏鷟云：

多士上帝不保，公羊傳子路死，子曰，天祝予，甘誓予惟恭行天之罰，多方天降時喪，又曰，天惟降時喪（考異四、頁一四）。

梅氏之辨，後儒皆未從之，故梅氏此言古文之因襲，則有疏失矣，今補證之。

補：惠氏棟云：

墨子非命曰，於去發曰，上帝不順，祝降其喪，惟我有固受之，大帝昔紂執有命而行，武王爲大誓，去發以非之。皐陶謨曰，子思曰孜孜，湯誓曰，爾尙輔予一人，致天之罰，牧誓曰，惟恭行天之罰（尙書考、頁三七二六）。

又王氏鳴盛尙書後案（頁四八六四）、朱氏駿聲尙書古注便讀（卷四頁一一一六）等證同。補驗之惠氏等後儒之證，梅氏之辨備矣。

古人有言曰：撫我則后，虐我則讎。獨夫受，洪惟作威，乃汝世讎。

辨：梅氏鷟云：

荀子議兵篇，暴國之君，其民之視我，歡若父母，反顧其上若仇讎，又曰，湯武之誅桀紂，若誅獨夫，故泰誓曰，獨夫紂，此之謂也。淮南子道應訓尹佚曰，四海之內善之，則吾畜也，不善則吾讎也，昔夏商之民，反讎桀紂，而臣湯武，多方洪惟圖天之命，洪範作威作福，淮南子兵略訓，決獄無辜，殺戮無罪，又曰，武王伐紂，東面而迎，歲至汜而水至，共頭而墜，慧星出而授殷人，其柄當戰之時，十日亂於上，風雨擊於中（考異四、頁一四）。

證：惠氏棟云：

牧誓古人有言曰，閻若璩曰，淮南道應曰，伊佚曰，四海之內善之，則吾畜也，不善則吾讎也。荀子議兵曰，湯武誅桀紂，若誅獨夫，故大誓曰，獨夫紂此之謂也（尚書考、頁三七二六）。

驗之惠氏之證，梅氏之辨是也。

樹德務滋，除惡務本，肆予小子，誕以爾衆士，殄殲乃讎。

辨：梅氏鷟云：

哀元年五員曰，臣聞之樹德莫如滋，去疾莫如盡。又戰國策秦客卿造曰，詩云樹德莫如滋，除害莫如盡，詩惟予小子，大誥肆予告我友邦君，又曰誕敢紀其叙，洛誥誕保文武受命，盤庚我乃劓殄滅之無遺育。允征殲厥渠魁（考異四、頁一五）。

證：惠氏棟云：

左傳伍員曰，臣聞之，樹德莫如滋，去疾莫如盡，戰國策秦客曰，詩云，樹德莫如滋，除害莫如盡（尚書考、頁三七二六）。

又王氏鳴盛尚書後案（頁四八六五）、簡氏朝亮尚書集注述疏（頁七四七）、程氏廷祚晚書訂疑

（頁一九八三）、朱氏駿聲尚書古注便讀（卷四頁一一七）等諸家證同。驗之惠氏等諸家之證，梅氏之辨是也。

爾衆士其尚廸果毅，以登乃辟。功多有厚賞，不廸有顯戮。

辨：梅氏鷟云：

宣元年君子曰，戎昭果毅以聽之之謂禮，殺敵爲果，致果爲毅，易之戮也，易之即不廸之別名也（考異四、頁一一五）。

證：簡氏朝亮云：

莊十七年穀梁傳云，殲者盡也，釋詁云，廸進也，登成也，辟君也，又云，滅殄絕也。則殄亦滅也。宣二年左傳云，殺敵爲果，致果爲毅，皆其所襲也（述疏、頁七四七）。

驗之簡氏之證，梅氏之辨是也。

嗚呼！惟我文考，若日月之照臨，光于四方，顯于西土。惟我有周，誕受多方。

辨：梅氏鷟云：

禮惟朕文考，詩日居月諸，照臨下土，堯典光被四表，詩居岐之陽，在渭之將，萬邦之方，下民之王，文王受命，有此成功，既伐于崇，作邑于豐，皆顯于西土之實也。多方曰，惟我周王，克堪用德，簡畀殷命，尹爾多方（考異四、頁一一五）。

證：簡氏朝亮云：

此襲墨子所引大誓文爲之也，墨子所引者，曰文王若日若月，乍照光于四方，于西土，言四方之光，繇西土始也。康誥云，誕受厥命，多方云，尹爾多方，皆在有天下後言之矣。墨子所引者，曰，惟我有周受之大帝，此其告言附於大誓而見焉，非其誓師也，今乃爲誓師乎，且不言大帝，則於何而受之乎（述疏、頁七四八）？

驗之簡氏之證，梅氏之辨，言因襲誠是矣。

予克受，非予武，惟朕文考無罪。受克予，非朕文考有罪；惟予小子無良。

辨：梅氏鷟云：

坊記子云，善則稱親，過則稱己，則民作孝，泰誓曰，予克紂非予武，惟朕文考無罪，紂克予非朕文考有罪，惟予小子無良，二受字皆作紂（考異四、頁一五）。

證：惠氏棟云：

坊記大誓曰，予克紂非予武，惟朕文考無罪，紂克予，非朕文考有罪，惟予小子無良，鄭注曰，此武王誓衆以伐紂之辭也，今大誓無此章，則其篇散亡（尚書考、頁三七二六）。

又王氏鳴盛尚書後案（頁四八六五）、程氏廷祚晚書訂疑（頁一九八三）、簡氏朝亮尚書集注述疏（頁七四八）、朱氏駿聲尚書古注便讀（卷四頁一一七）、屈氏翼鵬尚書釋義（頁一八四）等諸家證同。驗之惠氏等諸家之證，梅氏之辨是也。

武成

惟一月壬辰，旁死魄，越翼日癸巳，王朝步自周，于征伐商。

辨：梅氏鷟云：

天問夜光何德，死則又育，前漢書律歷志周書武成篇，惟一月壬辰，旁死霸，若翼日癸巳，武王乃朝步自周，于征伐紂，魄作霸古字同，越作若王字上多武字（考異四、頁一六）。

證：閻氏若璩云：

古文武成篇，建武之際亡，當建武以前，劉向劉歆父子校理秘書，其篇固具在也，故劉向著別錄云，尚書五十八篇，班固藝文志尚書五十七篇則可見矣，劉歆作三統歷引武成篇八十二字，其辭曰，惟一月壬辰旁死霸，若翼日癸巳，武王迺朝步自周，于征伐紂，粵若來二月既死霸，粵五月甲子咸劉，商王紂惟四月既旁生霸，粵六月庚戌，武王燎于周廟，翼日辛亥，祀于天位，粵五月乙卯，乃以庶國，祀馘于周朝，質之今安國傳迥異，無論此篇已亡而復出，相距三百年，中間儒者，如班固、鄭康成皆未之見，而直至梅賾始得而獻之，可疑之甚（疏證一、頁二七〇—二七一）。

又王氏鳴盛尚書後案（頁四八六五）、簡氏朝亮尚書集注述疏（頁七四八）、程氏廷祚晚書訂疑（頁一九八四）、朱氏駿聲尚書古文注便讀（卷四頁一二一）、屈氏翼鵬尚書釋義（頁一八五）等諸家之說亦同。驗之閻氏等後儒之證，梅氏之辨是也。

厥四月哉生明，王來自商，至于豐。乃偃武修文，歸馬于華山之陽，放牛于桃林之野，示天下弗服。

辨：梅氏鷟云：

樂記曰，武王克殷及商，未及下車，而封黃帝之後於薊，封帝堯之後於祝，封帝舜之後於陳，下車而封夏后氏之後於杞，投殷之後於宋，封王子比干之墓，釋箕子之囚，使之行商容，而復其位，庶民弛政，庶士倍祿，濟河而西，馬散之華山之陽，而弗復乘，牛散之桃林之野，而弗復服車，甲衅而藏之府庫，而弗復用，倒載干戈，包之以虎皮，將帥之士，使爲諸侯名之曰建櫜，然後天下知武王之不復用兵也。又史記縱馬于華山之陽，放牛于桃林之墟，偃干戈振兵釋旅，示天下不復用也（考異四、頁一六）。

證：王氏鳴盛云：

此本禮記卷三十九樂記篇，史記卷四周本紀卷五十五留侯世家，淮南子卷二十泰族訓，卷二十一要略篇，劉向說苑卷十五指武篇約政論文而增成之（尚書後案、頁四八六七）。

驗之王氏之證，梅氏之辨是也。

丁未，祀于周廟，邦甸侯衞，駿奔走，執豆籩。越三日庚戌，柴望，大告武成也。

辨：梅氏鷟云：

禮記大傳牧之野，武王之大事也，既事而退，柴於上帝，祈於社設，奠於牧室，遂率天下諸侯，執豆籩駿奔走，追王太王亶父，王季歷、文王昌（考異四、頁一六—一七）。

證：惠氏棟云：

禮大傳曰，牧之野，武王之大事也，既事而退，……駿奔走（尙書考、頁三七二七）。

驗之惠氏之證，梅氏之辨是也，然其辨亦有未盡矣，今補證之。

補：王氏鳴盛云：

禮記大傳云，牧之野，文王昌。此節皆取之，但大傳先言柴上帝，後言宗廟，而此則本漢志及逸書先祀廟後柴望，孔晁注逸書云，先廟後天者，言功業已成故也，僞作者正取其意（尙書後案、頁四八六九）。

又孫氏喬年尙書古文證疑（卷四頁三）、朱氏駿聲尙書古注便讀（卷四頁二二）等書證同。

補驗之王氏之證，合梅氏之辨，辨僞之說可謂備矣。

既生魄，庶邦冢君，暨百工，受命于周。

辨：梅氏鷟云：

既生即天問之又育也，又見汲冢，周書牧誓，友邦冢君，堯典允釐百工，大誥予惟以爾庶邦，又曰，爾庶邦君，多方，乃有不用，我降爾命（考異四、頁一七）。

證：簡氏朝氏云：

此僞者故爲錯簡也，言既生魄者，襲漢所引武成文爲之也。大誥云，肆予告我友邦君，又云，爾庶邦君，此成王以天子而稱諸侯也，故不稱冢君焉。牧誓云，我友邦冢君，此武王自以諸侯而稱所會諸侯也，故稱冡君焉，今僞者於下文王言。則不稱冡君而稱群后也，而於此文敍事，反稱冡君乎！此僞者之疏也（述疏、頁七四九）。

驗之簡氏之證，梅氏之辨是也。

王若曰：嗚呼！群后！惟先王建邦啓土，公劉克篤前烈，至于大王，肇基王迹，王季其勤王家，我文考文王，克成厥勳，誕膺天命，以撫方夏。大邦畏其力，小邦懷其德；惟九年，大統未集。予小子其承厥志。

辨：梅氏鷟云：

周語祭公謀父曰，昔我先王后稷，以服事虞夏，又曰，我先王不窋，此所以稱后稷，爲先王也，又魯頌曰，奄有下國，故言建邦啓土也，大雅曰篤公劉，故言克篤前烈也，魯頌曰，實惟太王，實始翦商。中庸追太王，故曰，肇基王迹也，又曰王季爲父作之詩曰，帝作邦作對，則篤其慶，受祿無喪，中庸曰，追王太王王季，禮記引泰誓曰，朕文考無罪，文王有聲曰，遹觀厥成，又詩書所稱，文王受命假哉，天命宅天命，以受方國，王赫斯怒，……戡黎等大邦，畏其力也，虞芮睹揖讓之風，……歸者四十餘國，小邦懷其德也，惟九年者，以蹶厥生之年，爲受命元年也，故注疏家，遂有文王聽虞芮之訟，諸侯歸之，改稱元年至九年而卒也，大統未集者，三分天下有其二也，記引書曰，惟予小子無良，故稱予小子，中庸曰，武王達孝，善繼人之志，今改作承厥志者，不宜全寫。歐陽修知中間，不再改元，爲注家之非，而不知誕膺天命，惟九年乃武成古文之非也。襄三十年北宮文子云，周書數文王之德曰，大國畏其力，小國懷其德，言畏而愛之也，史記追尊古公爲太王，公季爲王季，蓋王迹自太王興之，武王即位，修文王緒業，九年武王上祭于畢，東觀兵至於盟津，武王自稱太子發，言奉文王以伐，不敢自專，乃告司馬、司徒、司空諸節齊信栗哉，予無知以先祖有德，臣小子受先公功畢，立賞罰以定其功，禮記祭統孔悝銘曰，其勤公家，又衞彪傒曰，后稷勤周（考異四、頁一七一—一八）。

證：簡氏朝亮云：

周語云，昔我先王世后稷，詩生民云，時維后稷，又云即有邰家室。詩公劉云，篤公劉。史記云，文武攸興，古公王跡，又云王瑞自大王興，詩皇矣云，維此王季。周語云，后稷勤周，又云，自后稷之始基靖民，此其所襲也，中庸云，武王未受命，周公成文武之德，追王大王王季，明文王先追王也，今據詩緜云，古公亶父，蓋未追王也。周語云，我先王不窋，蓋與先王后稷，韋注云，商頌亦以契爲元王也，禮祭統云，衞孔悝之鼎銘曰，其勤周家。襄三十一年左傳云，周書數文王之德曰，大國畏其力，小國懷其德，皆其所襲也，今僞者曰，惟九年，大統未集非也。中庸云，善繼人之志，言武王也，今僞者竄之，則武之志荒矣，閻氏云，中庸所謂志者，制禮作樂之志也，此所謂志者，欲集大統之志也（述疏、頁七五〇）。

驗之簡氏之證、梅氏之辨是也。

底商之罪，告于皇天后土，所過名山大川。曰：惟有道曾孫周王發，將有大正于商。

辨：梅氏鷟云：

湯誓致天之罰，微子我祖底遂陳于上，詩敦商之旅，泰誓底天之罰，多士明致天罰，告告于皇天與泰誓類于上帝相應，告于后土，與泰誓宜于冢土相應，有道指太王王季等，金縢曰，惟爾曾孫發，湯誓余畏上帝，不敢不正，左傳蒯聵禱祖，自稱曾孫（考異四、頁一八—一九）。

梅氏之辨，後儒皆未從之，可知梅說亦有疏矣，今補證之。

補：惠氏棟云：

周書商誓曰，上帝弗顯，乃命朕文考曰，殪商之多罪，紂肆予小子發，弗敢忘天命朕考，周語曰，以大蔟之下，宮布令於商，昭顯文德，底紂之多罪，韋昭曰，商紂都也，底致也，既殺紂入商之都，發號施令，以昭文王之德，致紂之多罪。墨子兼愛曰，昔者武王將事泰山隧傳曰，泰山，有道曾孫周王，有事大事，既獲仁人，尚作以祇，商夏蠻夷醜貉，雖有周親，不若仁人，萬方有罪，維予一人，此墨子所引傳文也（尚書考、頁三七二七）。

又王氏鳴盛尚書後案（頁四八七一）、孫氏喬年尚書古文證疑（卷四頁三）、宋氏鑒尚書考辨（卷三頁一八）等書證同。補驗之惠氏等後儒之補證，梅氏之辨備矣。

辨：梅氏鷟云：

今商王受無道，暴殄天物，害虐烝民，爲天下逋逃主，萃淵藪。

史記天下起兵，共誅無道，秦物不聊，生民失其性，故爲無道也，昭七年芋尹無宇曰，昔武王數紂之罪，以告諸侯曰，紂爲天下逋逃主，萃淵藪，故夫致死焉。史記殷之末孫紂，殄廢先王，明德侮蔑，神祇不祀，昏暴商邑百姓，其帝顯聞于天皇上帝，武王更大命革殷，受天明命（考異四、頁一九）。

證：惠氏棟云：

左傳申無宇曰，昔武王數紂之罪，以告諸侯曰，紂爲天下逋逃主萃淵藪，故夫致死焉（尙書考、頁三七二七）。

又王氏鳴盛尙書後案（頁四八七一）、屈氏翼鵬尙書釋義（頁一八五）等書證同。驗之惠氏等後儒之證，梅氏之辨是也。

予小子既獲仁人，敢祇承上帝，以遏亂略，華夏蠻貊，罔不率俾。

辨：梅氏鷟云：

論語雖有周親，不如仁人，書云，祇承于帝，詩式遏寇虐，襄三十年北宮文子曰，蠻夷帥服（考異四、頁一九）。

證：惠氏棟云：

閻若璩曰，左傳北宮文子曰，蠻夷帥服（尙書考、頁三七二七）。

王氏鳴盛云：

論語載雖有周親四語，于大賚後，謹權量之前，俱初定天下事，亦自相類（尚書後案、頁四八七一）。

惠氏、王氏、雖因梅氏之辨，但又爲其增益之，以明僞者因襲之跡，今補證之。

補：王氏鳴盛云：

閻若璩曰，墨子兼愛中篇云，昔者武王將事泰山隧傳曰，泰山有道曾孫周王，有事大事，既獲仁人，尙作以祇，商夏蠻夷醜貉，雖有周親，不若仁人，萬方有罪，惟予一人，玩其文義，乃是武王既定天下後，望祀山川，或初巡守岱宗，禱神之辭，非伐紂時事也，僞作武成者，乃移爲伐紂時事（尚書後案、頁四八七一）。

辨：梅氏鷟云：

恭天成命，肆予東征，綏厥士女。惟其士女，篚厥玄黃，昭我周王，天休震動，用附我大邑周。

甘誓恭行天之罰，詩昊天有成命，孟子有攸不爲臣東征，綏厥士女，篚厥元黃，紹我周王，見休惟臣，附于大邑周，其異同如此（考異四、頁一九）。

證：惠氏棟云：

孟子曰，有攸不爲臣東征……附于大邑周，郭璞爾雅注逸周書曰，釗我周王，趙岐孟子注曰，從有攸以下道周，武王伐紂時也，皆尙書逸篇之文（尚書考、頁三七二七）。

驗之惠氏之證，梅氏之辨是也。

惟爾有神，尙克相予，以濟兆民，無作神羞。

辨：梅氏鷟云：

襄十八年，荀偃禱曰，齊環棄好背盟，凌虐神主，曾臣彪率諸侯以討焉，其官臣偃，實先後之，苟捷有功，無作神羞，……惟爾有神裁之，哀二年衞太子禱曰，曾孫蒯聵，敢昭告皇祖文王，烈祖康叔，文祖襄公，以集大事，無作三祖羞。顧命用奉恤厥若無遺鞠子羞。按左傳荀偃禱河云，無作神羞，惟爾有神裁之，蒯聵禱祖云，無作三祖羞，彼二者於神羞之下，皆更申己意，此經無作神羞下更無語，直是與神之言，猶尙未訖。經失其本，所以辭不次耳（考異四、頁一九－二〇）。

證：王氏鳴盛云：

左傳襄十八年中行獻子伐齊將濟河禱曰，無作神羞，又曰惟爾有神裁之，又公子成曰，平公之靈，尙輔相予，又哀二年衞太子禱曰，曾孫蒯聵，昭公皇祖，文王以集大事，無作三祖羞（尙書後案、頁四八七二）。

又簡氏朝亮尙書集注述疏（頁七五一）、程氏廷祚晚書訂疑（頁一九八五）、孫氏喬年尙書古文證疑（卷四頁一二）等書言因襲略同。驗之惠氏等後儒之證，梅氏之辨是也。

既戊午，師逾孟津。癸亥，陳于商郊，俟天休命。甲子昧爽，受率其旅若林，會于牧野，罔有敵于我師。前徒倒戈，攻于後以北。血流漂杵，一戎衣，天下大定。

辨：梅氏鷟云：

漢律歷志序曰，一月戊午，師渡于孟津，至庚申二月朔日也，四日癸亥，至牧野夜陳，甲子昧爽而合矣，故外傳曰，王以癸亥夜陳。武成篇，曰粵若來，三月旣死霸，粵五日甲子咸劉商王紂。周語伶州鳩曰王以二月，癸亥夜陳，未畢而雨。牧誓曰，時甲子昧爽，王朝至于商郊，牧野詩曰，殷商之旅，其會如林，矢于牧野，惟予侯興，史記陳師牧野，紂聞武王來，亦發兵七十萬人，至武王使師尚父，與百夫致師，以大卒馳，紂師雖衆，皆無敵之心，欲武王亟入紂師，皆倒兵以戰，以開武王馳之，紂兵皆崩畔，孟子曰，以至仁伐至不仁，而何其血之流杵也，故首曰盡信書，不如無書，中庸一戎衣，而有天下（考異四、頁二一）。

證：閻氏若璩云：

鷟曰，武成篇言武王誅紂，戰鬬殺人，血流舂杵，孟子言武王以至仁，伐至不仁，殷人簞食壺漿，而迎其王師，何乃至於血流漂杵乎！故吾取兩三簡策，可用者耳，其過辭則不取之也，岐之言云爾平正無礙，甚得孟子口氣，而晚出武成，則言前徒倒戈攻于後，以北血流漂杵，是紂衆自殺之血，非武王殺之血，其言可謂巧矣，今僅自攻其後，必殺人不多，血何至流杵，且均之無辜，黨與什什伍伍，爭相屠戮，抑獨何心，且眞有如蔡傳言武王之兵，則蓋不待血刃者，非癡語乎，私意杜撰之書，旣非孟子所見元本，而其言又躐居周初，致孟子爲不通文義，余謂鷟說善矣（疏證八、頁四九八—四九九）。

驗之閻氏等諸儒之證，梅氏之辨是也。

乃反商政，政由舊。

辨：梅氏鷟云：

家語反商之政，樂記乃反商，律曆志武成篇曰，惟四月旣生霸……乃以庶國，祀馘于周廟（考異四、頁二一）。

梅氏之辨，後儒多異之，可知梅氏亦有疏失，今補證之。

補：惠氏棟云：

此用呂氏春秋，後盤庚之政之說也（尙書考、頁三七二七）。

釋箕子囚，封比干墓，式商容閭。散鹿臺之財，發鉅橋之粟，大賚于四海，而萬姓悅服。

辨：梅氏鷟云：

史記命召公釋箕子之囚，命畢公釋百姓之囚，表商容之閭，命南宮括散鹿臺之財，發鉅橋之粟，以振貧弱萌隸，命閎天封比干之墓，命宗祝享祀于軍，乃罷兵西歸，行狩記政事作武成（考異四、頁二二）。

證：惠氏棟云：

史記曰，命召公釋箕子之囚，……命閎天封比干之墓（尙書考、頁三七二七）。

又孫氏喬年尙書古文證疑（卷四頁一二）亦證同。梅氏之辨，雖有惠氏等爲之證，但仍有未盡也，今補證之。

補：王氏鳴盛云：

釋囚等事見禮記卷三十九樂記篇，逸周書卷四克殷解。韓詩外傳卷三武王章，大戴禮記卷三保傅篇，荀子卷十九大略篇，呂氏春秋卷十五愼大覽，淮南子卷十二道應訓，卷二十泰族訓，史記卷五十五留侯世家，後漢書卷三十下郎顗傳，劉向新序卷三雜史篇，又卷十善謀篇（尙書後案、頁四八七三）。

列爵惟五，分土惟三，建官惟賢，位事惟能。重民五教，惟時喪祭。惇信明義，崇德報功。垂拱而天下治。

辨：梅氏鷟云：

爵五等公侯伯子男，祿三品，公侯方百里，伯七十里，子男五十里，皆見孟子。王制賢者在職，能者在位，亦見孟子，所重民食喪祭見論語。管仲曰，君以禮與信屬諸侯，又曰德刑禮義，無國不記。公羊傳齊桓之信義明，詩無封靡于爾邦，惟王其崇之，念慈戎功，繼序其皇之。前漢書薛宣傳，馮翊垂拱蒙成，王褒曰，雍容垂拱，永永萬年，後漢書孝章八子傳，清河王廢日，仰恃明王，垂拱受成（考異四、頁二二）。

證：王氏鳴盛云：

論語所重民食喪祭，孔安國曰，重民國之本也。重食民之命也，重喪所以盡哀，重祭所以致敬，絕不云出武成。又云：王褒云，雍容垂拱，又見薛宣傳（尚書後案、頁四八七四）。驗之惠氏等後儒之證，梅氏之辨是也。然梅氏云，班爵見孟子，其說非是，今補證之。

補：閻氏若璩云：

今武成列爵惟五，分土惟三，疏引孟子班爵祿章非是，孟子爵雖五等，卻連天子在內，地又四等，與分土惟三不合，蓋直用漢地理志周爵五等，而土三等之說也，益驗晚出書多出漢書（疏證五上、頁三四一）。

旅獒

辨：梅氏鷟云：

宣元年公嗾夫獒，杜注猛犬也，說文，嗾使犬也，服虔作噉，尚書傳曰，獒大犬也，爾雅狗四尺爲獒，說文云，犬知人心，可使者，馬融云，獒作豪，酋豪也，鄭玄云，獒讀曰豪，云戎無君名強大有政者爲酋豪，國人遣其酋豪來獻，見于周也，孔穎達譏之曰，良由不見古文妄爲此說（考異四、頁二三）。

證：閻氏若璩云：

安國壁中書，原有旅獒篇，馬融、鄭康成親從講習，知族獒不得讀以本字，故注書序馬云，作豪酋豪也。鄭云，獒讀曰豪，西戎無君名，強大有政者爲酋豪，國人遣其酋豪來獻，見於周，蓋從篇中文與義定之也。僞作此篇者，止見書序有旅獒字，遂當以左傳公嗾夫獒焉，爾雅狗四尺爲獒之獒，若似馬鄭爲不識字也者，竊惟馬鄭兩大儒，其理明義精之學，或不如後代而博物洽聞，廻非後代所能彷彿，豈並獒字亦不識乎（疏證五下、頁三六三）。

驗之閻氏之證，梅氏之辨是也。

惟克商，遂通道于九夷八蠻，西旅底貢厥獒，太保乃作旅獒，用訓于王。曰：嗚呼！明王愼德，四夷咸賓，無有遠邇，畢獻方物，惟服食器用。王乃昭德之致于異姓之邦，無替厥服，分寶玉于伯叔之國，時庸展親。人不易物，惟德其物。

辨：梅氏鷟云：

魯語陳惠公使人以隼，如仲尼之館問之，仲尼曰：隼之來也遠矣。此肅愼氏之矢也，昔武王克商通道於九夷八蠻，使各以其方賄來貢，使無忘職業，於是肅愼氏貢楛矢石砮，其長尺有咫，先王欲昭其令德之致遠也，以示後人，使永監焉，故銘其括曰，肅愼氏之貢矢，以分太姬配虞胡公，而封諸陳，古者分同姓以珍玉展親也，分異姓以遠方之職貢，貢使無忘服也，故分陳以肅愼氏之貢，晉語范文子曰，夫王者成其德而遠人，以其方賄歸之，楚語申叔時曰，四方小國，其不賓也久矣。僖七年諸侯，官受方物，僖五年宮之奇曰，民不易物，惟德繄物，今改民爲人改繄爲其（考異四、頁二三）。

證：閻氏若璩云：

國語仲尼在陳一篇，正旅獒之藍本，但自昔武王克商，至分異姓以遠方之職貢，使無忘服也，皆孔子語，今割昔武王克商二句爲序，以分同姓異姓，入召公口中，亦所謂議釵錯雜也，國語指肅愼氏貢楛矢，肅愼內傳稱爲周北土，書序爲夷（疏證五下，頁三六四）。又王氏鳴盛尚書後案（頁四八七五）、程氏廷祚晚書訂疑（頁一九八五）、孫氏喬年尚書古文證疑（卷四頁一三）、宋氏鑒尚書考辨（卷三頁一九）證同。驗之閻氏等後儒之證，梅氏之辨是也。

德盛不狎侮。狎侮君子，罔以盡人心；狎侮小人，罔以盡其力。

辨：梅氏鷟云：

表記曰，狎侮死焉，而不畏也，論語狎大人侮聖人之言，左傳君子勞心，小人勞力（考異四、頁二四）。

證：惠氏棟云：

論語曰，狎大人侮聖人之言，閻若璩曰，表記子曰，狎侮死焉，而不畏也（尚書考、頁三七二八）。

簡氏朝亮云：

禮表記云，子曰，狎侮死焉，而不畏也，襄九年左傳云，君子勞心，小人勞力，此其所襲也（述疏、頁七五三）。

驗之惠氏等後儒之證，梅氏之辨是也。

不役耳目，百度惟貞。

辨：梅氏鷟云：

孟子曰，耳目之官，不思而蔽于物，陶潛云，自以心爲形役，樂記百度得數而有常。昭元年子產云，茲心既爽昏亂百度（考異四、頁二四）。

證：簡氏朝亮云：

孟子云，耳目之官不思，而蔽於物，又云，心之官則思，思則得之，蓋耳目爲物之役爾，心能役耳目，而不役於耳目者也。昭元年左傳云，茲心不爽，而昏亂百度，樂記云，百度得數而有常，此其所襲也（述疏、頁七五四）。

驗之簡氏之證，梅氏之辨是也。

玩人喪德，玩物喪志。志以道寧，言以道接。不作無益害有益，功乃成；不貴異物賤用物，民乃足。

辨：梅氏鷟云：

喪德也：故係玩物者，喪志也，志於道則不玩物矣，故曰寧以道：故曰接。老子曰不見可欲使心不亂，吾是以知無爲之有益，又曰，功成名遂，孔氏曰，游觀徒費時日，故爲無益，奇巧世所希有，故爲異物，德盛爲有益，器用爲物，漢書曰，家給人足，王制鄭注，質則用物貴，淫則侈物貴，淮南子精神訓，不貴難得之貨，不器無用之物，又曰，貴遠方之貨，珍難得之財，老子曰，難得之貨，令人行妨（考異四、頁二四）。

證：惠氏棟云：

閻若璩曰，淮南精神訓，不貴難得之貨，不器無用之物（尙書考、頁三七二八）。

又王氏鳴盛尙書後案（頁四八七六）、簡氏朝亮尙書集注述疏（頁七五四）、朱氏駿聲尙書古注便讀（卷四頁一三九）等書證同。驗之惠氏等諸儒之證，梅氏之辨是也。

犬馬非其土性不畜。

辨：梅氏鷟云：

僖十五年，晉侯與秦戰乘小駟，鄭入也，慶鄭曰，古者大事必乘其產，生其水土，而知其人心，安其教訓服習其道，唯所納之，無不如志。今乘異產，以從戎事，……周旋不能，君必悔之（考異四、頁二五）。

證：惠氏棟云：

閻若璩曰，左傳慶鄭曰，古者大事，必乘其產，生其水土而知其人心，安其教訓而服習其道，惟所納之，無不如志（尙書考、頁三七二八）。

又簡氏朝亮尙書集注述疏（頁七五四）、朱氏駿聲尙書古注便讀（卷四頁一三九）、吳氏闓生定本尙書大義（頁一三八）等書證同。驗之惠氏等後儒之證，梅氏之辨是也。

珍禽奇獸，不育于國。不寶遠物，則遠人格；所寶惟賢，則邇人安。

辨：梅氏鷟云：

史記遠方珍怪之物，王制用器不中度，不粥於市，禽獸魚鼈不中，殺不粥於市，周穆王得白狐白鹿而荒服，因以不至，趙簡子曰，楚之白珩猶在乎，其爲寶也，幾何？王孫圉對曰，楚所寶者，觀射父左史倚相若白珩，先王之所玩，何寶之焉，大學曰，楚國無以爲寶，惟善以爲寶（考異四、頁二五）。

證：簡氏朝亮云：

張衡東京賦去，所貴惟賢，所寶惟穀。襄四年左傳云，遠至邇安，此其所襲也。夫漢文帝郤千里馬，光武帝閉玉門關，謝外國朝貢，其不寶遠也，史皆稱焉，謂先王治四海之道當然也，非以冀遠人來至也。如僞者言，豈不反導其君鶩廣而荒哉，史記云，穆王征犬戎，得四白狼，四白鹿以歸，自是荒服者不至，或以言此文，非僞者之本意也，彼以爲西旅貢獒，與征而得之者不同（述疏、頁七五四）。

驗之簡氏之證，梅氏之辨是也。

嗚呼！夙夜罔或不勤。不矜細行，終累大德。爲山九仞，功虧一簣。

辨：梅氏鷟云：

詩夙夜匪懈，夙興夜寐，論語古之矜也廉，子夏曰，大德不踰閑，論語辟如爲山，孟子掘井九仞。論語未成一簣（考異四、頁二五）。

證：閻氏若璩云：

梅氏鷟亦謂爲山九仞，功虧一簣，不特攘諸論語，抑且攘孟子掘井九仞二字，余謂掘井可以九仞言，而爲山不可以九仞言，觀荀子一書於山，皆曰百仞，於淵於谷，亦曰百仞，惟牆曰數仞，木曰十仞，下字細密如此，豈似古文之駁且妄與（疏證五下、頁三五六）。

又王氏鳴盛尙書後案（頁四八七六）、孫氏喬年尙書古文證疑（卷四頁一三）等書皆證同。

驗之閻氏等後儒之證，梅氏之辨是也。

允廸茲，生民保厥居，惟乃世王。

辨：梅氏鷟云：

皐陶謨允廸厥德，盤庚汝罔能廸，又各長於厥居，呂刑無世在下，洛誥四方其世享，世世永保用享，梓材欲至于萬年，惟王子子孫孫永保民（考異四、頁二五—二六）。

證：惠氏棟云：

皐陶謨，允廸厥德（尙書考、頁三七二八）。

驗之惠氏之證，梅氏之辨是也。

微子之命

「王若曰：猷」，殷王元子。

辨：梅氏鷟云：

王若曰猷，見大誥等篇，殷王元子，見召誥有王雖小元子哉。蓋微子乃帝乙之長子，故云爾也，又首呼此四字者，若康誥呼小子封之類是也，哀公九年陽虎以周易筮之遇泰之需曰，微子啓帝乙之元子也（考異四、頁二六）。

證：王氏鳴盛云：

王若曰猷句，本之大誥，殷王元子句，本之哀九年左傳陽虎曰，微子帝乙之元子也（尚書後案、頁四八七六）。

驗之王氏之證，梅氏之辨是也。

惟稽古崇德象賢，統承先王，修其禮物，作賓于王家；與國咸休，永世無窮。

辨：梅氏鷟云：

僖二十四年，皇武子曰，宋先代之後也，於周爲客，天子有事膰焉，有喪拜焉。文二年謂之崇德，昭二十五年宋樂大心曰，我不輸粟，我於周爲客，若之何使客，改客作賓者，用虞賓在位之字，取利用賓于王之句也，郊特牲繼世以立諸侯象賢也，以官爵人德之殺也，又曰，天子存二代之後，猶尊賢也，尊賢不過二代，崇德又見武成，君奭我受命無疆惟休，顧命用敷遺後人休（考異四、頁二六—二七）。

王氏鳴盛云：

崇德二字，本之文二年，左傳謂之崇德，象賢二字，本之禮記郊特牲，繼世以立諸侯象賢也，作賓于王家句，本之僖二十四年，皇武子曰，宋于周爲客，（昭二十五年，宋樂大心語同）易利用賓于王（尚書後案、頁四八七六）。

驗之王氏之證，梅氏之辨是也。

嗚呼！乃祖成湯，克齊聖廣淵。皇天眷佑，誕受厥命。撫民以寬，除其邪虐，功加于時，德垂後裔。

辨：梅氏鷟云：

乃祖乃父字見盤庚，齊聖廣淵見左傳稱八愷也，皇天眷佑，誕受厥命見周書，撫民以寬用論語，寬則得衆，又伊尹言代虐以寬，兆民永懷，功加于時者，伐罪救民之功也，德垂後裔者，崇德奉祀之永也（考異四、頁二七）。

證：惠氏棟云：

閻若璩曰，乃祖字出盤庚。左傳大史克曰，齊聖廣淵，皇天眷佑，誕受厥命，閻若璩曰見周書（尚書考、頁三七二八）。

又王氏鳴盛尚書後案（頁四八七六）、簡氏朝亮尚書集注述疏（頁七五五五）、朱氏駿聲尚書古注便讀（卷四頁一五二二）等後儒之論證皆同。驗之惠氏等後儒之論證，梅氏之辨是也。

爾惟踐修厥猷，舊有令聞。恪愼克孝，肅恭神人。

辨：梅氏鷟云：

文元年左傳踐修舊好，詩令聞不已，微子不忍成湯之殄祀，抱祭器而歸周。盤庚恪謹天命，左傳子木曰，能歆神人，宜其光輔，五君以爲盟主也（考異四、頁二七）。

證：簡氏朝亮云：

文元年左傳云，踐修舊好，詩振鷺云，以永終譽，以此知微子之有令聞也舊矣，詩文王云，令聞不已（述疏、頁七五六）。

驗之簡氏之證，梅氏之辨是也。

予嘉乃德，曰篤不忘。上帝時歆，下民祇協，庸建爾于上公，尹茲東夏。

辨：梅氏鷟云：

見左傳僖公十二年，王曰舅氏予嘉乃勳，應乃懿德，謂督不忘，往踐乃職，無逆朕命，蓋周襄王命管仲之辭也。今摘去勳應乃懿四字，改謂字爲曰字，而直至篇末方曰，往哉惟休，無替朕命，詩上帝居歆，神歆享其祀民，敬和其令，王者之後，稱公正，此東土之華夏。多方篇云，殷侯尹民，又曰，尹爾多方（考異四、頁二七—二八）。

證：閻氏若璩云：

近方覺純以僖十二年傳王命管仲曰，余嘉乃勳，應乃懿德，謂督不忘，往踐乃職，無逆朕命爲舊本，而割湊充篇，且既易往踐乃職，爲往敷乃訓，又曰往哉惟休，既易無逆朕命，爲無替朕命，上已曰，愼乃服命，不太複乎（疏證五下、頁三七一）。

驗之閻氏之證，梅氏之辨是也。

欽哉！往敷乃訓，愼乃服命；率由典常，以蕃王師。宏乃烈祖，律乃有民，永綏厥位，毗于一人。世世享德，萬邦作式。俾我有周無斁。

辨：梅氏鷟云：

堯典曰，欽哉。立政，是訓用違，明乃服命，服乃上公之服命者，上公之九命，見禮僖二十八年，敬服王命，以綏四國。詩率由舊章，典常即舊章也。左傳襄二十九年，子展曰，堅事晉楚，以蕃王室，又蔡仲之命，亦用此句（考異四、頁二八）。

證：王氏鳴盛云：

以蕃王室句，本之襄二十九年左傳子展曰，堅事晉楚，以蕃王室，蔡仲之命亦用此句（尚書後案、頁四八七七）。

梅氏之辨，王氏雖爲之證，但後儒又有所增益，今補證之。

補：簡氏朝亮云：

康誥言知訓者，則云，商耇成人，若微子其人也，故僞者襲焉。康誥云，往盡乃心，又云，明乃服命，詩商頌云，衎我烈祖，釋詁云，律則法也，詩抑云，維民之則，言民法之也，今襲而竄之爾。文侯之命云，有績予一人，永綏在位。詩節南山云，天子是毗。康誥云，乃以殷民世享。詩文王云，萬邦作孚，詩崧高云，式是南邦，又云，南國是式。詩振鷺云，我客戾止，又云，在此無斁，皆其所襲也（述疏、頁七五六）。

嗚呼！往哉惟休，無替朕命。

辨：梅氏鷟云：

堯典往哉，惟汝諧。多方云，天惟式教我用休，立政休茲，詩無廢朕命，左傳無逆朕命（考異四、頁二八）。

證：簡氏朝亮云：

詩韓奕云，無廢朕命。襄十四年左傳云，無廢朕命，此其所襲也（述疏、頁七五六）。

驗之簡氏之證，梅氏之辨是也。

蔡仲之命

辨：梅氏鷟云：

蔡仲二字，見左傳定四年春三月，其子蔡仲改行帥德，乃祝佗之言也，之命二字見左傳曰見諸王而命之，以蔡其命，書云也。……蔡仲則左傳之文，略具本末，可以湊合成篇，然自識者視之，直為兒戲耳（考異四、頁二八—二九）。

證：閻氏若璩云：

讀左氏定四年傳，祝佗述蔡仲之事其命，書云，王曰，胡無若爾考之違王命也，意此必古蔡仲之命，發端第一語，蓋若斐面一喝，聞者心悸，……昔周公相王室以尹天下，……其子蔡仲改行帥德，周公舉之以爲卿士，見諸王而命之以蔡，而僞作是篇者，亦如其例，學者試平心以思，此爲左氏本書乎？抑書襲左氏也（疏證五下、頁三六九）？

驗之閻氏之證，梅氏之辨是也。

惟周公位冢宰、正百工，群叔流言。

辨：梅氏鷟云：

惟字效洪範，召誥，佗曰管蔡啓商，惎間王室八字之間，知大體提王綱，循天理明千載，管蔡之罪不容誅，而周公心事落落，青天白日矣，……僞書假託聖人之口。冢宰字見周禮，百工字見虞書，群叔字改金縢管叔及其群弟之弟字也（考異四、頁三〇）。

證：惠氏棟云：

左傳祝佗曰，周公爲大宰。閻若璩曰冢宰字見周禮，百工字見虞書。金縢曰，管叔及其群弟，乃流言于國（尙書考、頁三七二八）。

又宋氏鑒尙書考辨（卷三頁二〇）證同。驗之惠氏、宋氏之證，梅氏之辨是也。

乃致辟管叔于商，囚蔡叔于郭鄰，以車七乘，降霍叔于庶人，三年不齒。

辨：梅氏鷟云：

昭元年子太叔曰，周公殺管叔而蔡蔡叔。……僞書者因金縢之言，而不考之，……祝佗但云殺管叔，而此增「致辟于商」四字，「致辟」者因金縢「我之弗辟」而誤也，又襄二十五年子產曰，惟罪所在，各致其辟，此其用字之所從來也，「于商」之「商」字，乃易監殷之殷字也，蔡者放也，拘囚則殛矣，郭鄰蔡之換字也，傳無霍叔一節，此增之者，以終金縢之群弟，及此篇上文之群叔也，又史記同。三年不齒見周禮大司寇（考異四、頁三一）。

證：王氏鳴盛云：

金縢曰，管叔及其群弟，乃流言于國，襄二十五年左傳子產曰，惟罪所在，各致其辟。周書作雒解曰，降辟三叔，王子祿父北奔，管叔經而卒，乃囚蔡叔于郭陵，孔晁注郭陵地名。左傳祝鮀曰，成王殺管叔而蔡蔡叔，以車七乘，徒七十人，昭元年子太叔曰，周公殺管叔而蔡蔡叔。周禮大司寇曰，三年不齒（尚書後案、頁四八七八）。

又簡氏朝亮尚書集注述疏（頁七五六）、朱氏駿聲尚書古注便讀（卷四、頁二一五）等書證同。

驗之王氏等後儒之證，梅氏之辨是也。

蔡仲克庸祇德，周公以爲卿士。叔卒，乃命諸王邦之蔡。

辨：梅氏鷟云：

蔡仲二字，庶幾人得以蔡字，而貫於蔡叔云耳，傳有改行帥德之言，而此易以克庸祇德者，不欲盡同，傳文故易彼之四字，果有此四字，則祝佗必不攘爲己之言，曰克庸祇德云者，倣克明俊德，克愼明德之類也，祇德見呂刑。又庸庸祇祇，各刪其一字，見康誥也。卒之一言，因祝佗下文考字而得之，傳有見諸王而命之，以蔡其命書曰，今以命易見，以邦易命，而刪去之字者（考異四、頁三二—三三）。

證：惠氏棟云：

左傳祝佗曰，其子蔡仲改行帥德，……胡無若爾考之違命（尚書考、頁三七二八）。

簡氏朝亮云：

呂刑云，以教祇德，今以蔡叔之刑也，故僞者襲焉（述疏、頁七五六）。

驗之惠氏等後儒之證，梅氏之辨是也。

王若曰：小子胡！惟爾率德改行，克愼厥猷，肆予命爾侯于東土，往即乃封。敬哉！爾尚蓋前人之愆，惟忠惟孝。爾乃邁跡自身，克勤無怠，以垂憲乃後。率乃祖文王之彝訓，無若爾考之違王命。

辨：梅氏鷟云：

傳但云，王曰，而此增若字，小子胡者，效小子封也，傳無惟爾二字，率德字在改行下，率字傳作帥，克愼厥猷，擬詩克愼其德，又文侯之命，克愼明德，下文有大小謀猷，肆予命爾侯于東土，效肆爾在茲東土，往即乃封敬哉，即康誥往哉，封勿替，敬典也，爾尚二字見酒誥，蓋前人之愆，見魯語臧文仲曰，孟孫善守矣，其可以蓋穆伯而守其後于魯乎！惟忠惟孝用孝經意，效惟君惟長句，又邁迹即邁種德之邁字，率乃祖文王之彝訓，率字用詩率由字，彝訓二字見酒誥（考異四、頁三三二）。

證：王氏鳴盛云：

左傳祝佗曰其命書云，王曰胡無若爾考之違王命也，此篇以祝佗爲藍本，自篇首至此全取語，但玩其命，書云四字，則佗之所引經文，惟王曰胡以下十二字而已，其前段如殺管叔而蔡蔡叔等句，乃佗序述作書之由，作僞者遂并取之，以爲書辭，旁釆逸周書組織成立，并將改行帥德俱竄入王口中，不亦刺謬甚乎（尚書後案、頁四八七八）。

簡氏朝亮云：

康誥云，小子封，又云，肆汝小子封在茲東土。言爾尚爾乃者，襲酒誥爲之也。孝經云，以孝事君則忠。酒誥云，乃穆考文王，其言乃者，語辭也，非訓汝也，今日，率乃祖文王之彝訓，此言乃者，非訓汝不可也，蓋若盤庚告臣，稱乃祖者矣，非成王所以命同祖之蔡仲也（述疏、頁七七五七）。

驗之王氏等後儒之證，梅氏之辨是也。

皇天無親，惟德是輔，民心無常，惟惠之懷。爲善不同，同歸于治；爲惡不同，同歸于亂。爾其戒哉！

辨：梅氏鷟云：

左傳僖五年，宮之奇曰，鬼神非人，實親惟德是依，故周書曰，皇天無親，惟德是輔，又伊尹告太甲曰，惟天無親，克敬惟親，民罔常懷，懷于有仁，鬼神無常享，享于克誠，天位艱哉！德惟治否德，亂與治同道，罔不興亂同事罔不亡（考異四、頁三四）。

證：惠氏棟云：

左傳周書曰，皇天無親，惟德是輔，杜預曰逸書（尚書考、頁三七二八）。

又王氏鳴盛尚書後案（頁四八七八）、程氏廷祚晚書訂疑（頁一九八六）、宋氏鑒尚書考辨（卷三頁二〇）、孫氏喬年尚書古文證疑（卷四頁一四）、朱氏駿聲尚書古注便讀（卷四頁二一六）、屈氏翼鵬尚書釋義（頁二八七）等書皆證同。驗之惠氏等後儒之證，梅氏之辨是也。

愼厥初，惟厥終，終以不困。不惟厥終，終以困窮。

辨：梅氏鷟云：

太甲又曰，終始愼厥，與左襄二十五年，太叔文子曰，書曰，愼始而敬終，終以不困（考異四、頁三四）。

證：王氏鳴盛云：

周書常訓篇曰，愼微以始而敬終乃不困。襄二十五年左傳衞太叔文子引書曰，愼始而敬終，終以不困（徐幹中論法象篇，亦引書愼始而敬終二句）（尚書後案、頁四八七九）。

又簡氏朝亮尚書集注述疏（頁七五七）、程氏廷祚晚書訂疑（頁一九八六）、宋氏鑒尚書考辨（卷三頁二〇）、孫氏喬年尚書古文證疑（卷四頁一四）、吳氏闓生定本尚書大義（頁一四一）、朱氏駿聲尚書古注便讀（卷四頁二一六）等書證同。驗之王氏等後儒之證，梅氏之辨是也。

懋乃攸績，睦乃四鄰，以蕃王室，以和兄弟，康濟小民。

辨：梅氏鷟云：

畢命又曰，惟公懋德，嘉績多于前王。文侯之命有績予一人。左傳親仁善鄰，又秦楚方睦，子展曰，以蕃王室，周公慨二叔之不咸，故作常棣，今又以告仲以和兄弟也，粘皮著骨之見耳，無逸曰，咸和萬民（考異四、頁三四）。

證：簡氏朝亮云：

襄二十九年左傳云，堅事晉楚，以蕃王室也，詩序云，常棣燕兄弟也，閔管蔡之失道，故作常棣焉，其詩云，兄弟既具，和樂且孺，此其所襲也（述疏、頁七五七）。

孫氏喬年云：

今文侯之命，有績予一人（註一一）。

驗之簡氏、孫氏之證，梅氏之辨是也。

率自中，無作聰明亂舊章，詳乃視聽，罔以側言改厥度，則予一人汝嘉。

辨：梅氏鷟云：

詩率由舊章，盤庚設中于乃心，詩不識不知，順帝之則，作聰明以亂舊章之反也。王制悉其聰明，罔以辨言亂舊政，又伊尹告太甲之言，予一人汝嘉見左傳，文侯之命，若汝予嘉（考異四、頁三四—三五）。

證：簡氏朝亮云：

詩假樂云，率由舊章。詩抑云，謹爾侯度，此盤庚所謂正法度者也，文侯之命云，若汝予嘉，亦其所襲也（述疏、頁七五七）。

驗之簡氏之證，梅氏之辨是也。

王曰：嗚呼！小子胡，汝往哉！無荒棄朕命。

辨：梅氏鷟云：

堯典往哉汝諧，詩無廢朕命（考異四、頁三五）。

梅氏之辨，後儒多異其證，可知梅氏亦有失疏矣，今補證之。

補：王氏鳴盛云：

此等皆仿康誥，無荒棄朕命句，本之盤庚無荒失朕命（尚書後案、頁四八七九）。

又簡氏朝亮尚書集注述疏（頁七五八）證同，足可知王氏之證是也。

第五節　周書證補（下）

周官

辨：梅氏鷟云：

此篇因周禮一書，……冬官雖亡，不知其實，蓋散亂於五官之中，乃取考工記以補冬官之缺，東晉時人，窺見此意，特作周官一篇。又見三公三孤與三公三少相當，而無當於六官，故首言公孤以示後人，……此其作書之本意也，不然則冢宰掌邦治以下五條，皆依傍周禮原文，獨司空一條，改作掌邦土云云以示人，皆案入司徒一官之中（考異五、頁一）。

證：閻氏若璩云：

冬官亡，漢儒以考工記補之，說者謂考工記前代之制，眡周典大不類，余亦謂冬官亡，魏晉作書，以王制補之，王制漢儒所作，眡周典亦不類，或請徵其義，余曰王制司空執度，……大抵魏晉間此人學，不肯專主一說，其亦柳子厚所謂衆爲聚斂，以成其書者也（疏證四、頁三三一）。

驗之閻氏之證，梅氏之辨是也。

惟周公撫萬邦，巡侯甸，四征弗庭，綏厥兆民。六服群辟，罔不承德。歸于宗周，董正治官。

辨：梅氏鷟云：

蔡仲之命及此篇，皆惟周公端，以周公而撫萬邦，……綏厥兆民，亦若舜攝位之事，不知周公初未嘗承王命，……曰巡狩侯甸者，四征不庭者，又妄說也。六服與周禮九服不同也，近者先承德也，宗周鎬京也，董正治事之六官，孔穎達曰，周制無萬國，惟伐淮夷，非四征大言之耳（按古文周官云，惟周王而鷟言，惟周公蓋據誤本也）（考異五、頁二）。

證：惠氏棟云：

韋昭注周語云，聘問也，聘者王者，所以撫萬國存省之。左傳以王命討不庭，又曰同討不庭，杜預曰，下之事上，皆成禮於庭中。孔疏曰，周禮九服，此惟言六。汲郡古文曰，成王十九年，王巡狩侯甸方岳，召康公從歸于宗周，遂正百官，序曰，還歸在豐作周官（尙書考，頁三七二八）。

又王氏鳴盛尙書後案（頁四八七九）、朱氏駿聲尙書古注便讀（卷四頁二三一）等書證同。驗之惠氏、王氏、朱氏之證，梅氏之辨是也。

王曰：若昔大猷，制治于未亂，保邦于未危。

辨：梅氏鷟云：

詩惟大猷是經。老子曰，爲之於未有，治之於未亂。易曰，危者有其安者也，其亡其亡係于苞桑（考異五、頁二）。

證：惠氏棟云：

梅鷟曰，取諸老子爲之於未有，圖之于未亂。棟案漢書匈奴傳揚雄上書曰，臣聞六經之治，貴於未亂（尙書考、頁三七二八）。

又王氏鳴盛尙書後案（頁四八七九）、朱氏駿聲尙書古注便讀（卷四頁二三二）證同。驗之惠氏等後儒之證，梅氏之辨是也。

曰：唐虞稽古，建官惟百，內有百揆四岳，外有州牧侯伯。庶政惟和，萬國咸寧。夏商官倍，亦克用乂。明王立政，不惟其官，惟其人。

辨：梅氏鷟云：

堯典曰若稽古，又曰，允釐百工。堯典納于百揆四岳，咨十有二牧，又曰，日覲四岳群牧，班瑞于群后。堯典庶績咸熙，易萬國咸寧，夏商官倍謂二百也。康誥乃非德用乂，今文有立政篇，文王世子惟其人（考異五、頁二—三）。

證：閻氏若璩云：

文王世子設四輔及三公不必備，惟其人。……降至周太公爲太師，太公罷，周公由太傅遷太師，周公薨，畢公繼之，若召公則終身焉，官太保皆班班可考，安得謂之無是官與，或曰然則曷不載周禮，余曰，古者三公多繫兼官，唯六卿是實職，周禮蓋載其實職者也，……而謂周禮非成書與，又安得以晚出書旁採漢表而忘其所自出與（疏證四、頁三二九）。

簡氏朝亮云：

堯典云，曰若稽古，又云，詢于四岳，咨十有二牧，又云，班瑞于群后，而其總百事者，則云，使宅百揆，易乾象傳云，萬國咸寧，此其所襲也（述疏、頁七五八）。

驗之王氏、簡氏之證，梅氏之辨是也。

今予小子，祗勤于德，夙夜不逮。仰惟前代時若，訓廸厥官。

辨：梅氏鷟云：

金縢予小子新命于先王，多方云，祗告爾命，又克勤乃事，呂刑以教祗德，又曰罔不惟德之勤，無逸非天攸若，梓材王啓監，盤庚汝罔能廸，又曰廸高后（考異五、頁三）。

證：簡氏朝亮云：

祗勤于德者，襲呂刑爲之也（述疏、頁七五八）。

驗之簡氏之證，梅氏之辨是也。

立太師、太傅、太保，茲惟三公。論道經邦，燮理陰陽。官不必備，惟其人。少師、少傅、少保，曰三孤。貳公弘化，寅亮天地，弼予一人。

辨：梅氏鷟云：

賈子曰，昔者成王幼在繦抱之中，召公爲太保，周公爲太傅，太公爲太師，保保其身體，傅傅之德義，師道之教訓，此三公之職也，於是爲置三少，皆上大夫也，曰少保、少傅、少師是與太子宴者也，故迺孩提有職三公三少，固明孝仁禮義，以道習之。文王世子曰，太傅審父子君臣之道以示之，少傅奉世子以觀太傅之德行，而審喻之，太傅在前，少傅在後，入則有保，出則有師，是以教喻而德成也。記曰虞夏商周有師保，有疑丞設四輔及三公不必備，惟其人。今按周禮孤厠於三公之下，卿大夫之上，而無三孤之數，賈子有三公三少之數，而非三孤之稱，今太師、太傅、太保曰三公。少師、少傅、少保曰三孤，則正用賈生保傅之篇而特改三少之少字，當周禮之孤字耳，蓋周官一篇，全是約周禮一書而成之。王制鄭注三公之田三，又曰三爲三孤之田，則三公三孤，蓋用鄭注也。考工記坐而論道，冢宰以經邦國。陳平曰，宰相上佐天子，理陰陽順四時，王制鄭氏注云，三孤之田，不副者，以其無職，佐公論道耳。班固燕然山銘曰，寅亮聖明，登翼王室，納于大麓。惟清緝熙。大禹謨以弼五教

（考異五、頁四一五）。

證：惠氏棟云：

羅義曰，太師、太傅、太保非三公也，然則何官？曰，此太子三公也，周禮保民序官疏引鄭小同所撰鄭志云，趙商問曰，案成王周官立太師、太傅、太保，茲爲三公，即三公之號，自有師保之名，成王周官是周公攝政三年事，此周禮攝政六年時，則三公自名師保起之在前，何也？答曰，周公左召公右兼師保初時然矣。閻若璩困學紀聞注曰，若璩案論道經邦，乃本考工記，或坐而論道。漢書丙吉傳，三公典調和陰陽。文王世子曰，記曰，虞夏商周有師保，

有疑丞設四輔及三公不必備，唯其人語使能也。閻若璩曰，公孤見禮，太師、太傅、太保、少師、少傅、少保見賈子新書，今案周禮孤厠于三公之下，卿大夫之上，而無三孤之數，賈子有三公三少之數，而非三孤之稱，今太師、太傅、太保爲三公。少師、少傅、少保曰三孤，則正用賈生保傅之語，而特即三少之少子，從周禮之孤字耳，考工記九卿注云六卿三孤。鄭注王制云，三孤無職，佐公論道（尚書考、頁三七二九）。

又王氏鳴盛尚書後案（頁四八八〇）、簡氏朝亮尚書集注述疏（頁七五五八）、朱氏駿聲尚書古注便讀（卷四、頁二三三）等書證同。驗之閻氏等後儒之證，梅氏之辨是也。

冢宰掌邦治，統百官，均四海。

辨：梅氏鷟云：

引周禮爲之，總目或據禮文，或取禮意，雖言有小異，義皆不殊，周禮云，乃立天官冢宰，使帥其屬，而掌邦治以佐王均邦國，治官之屬。六典一曰治典以經邦國，以治官府以紀萬民（考異五、頁五）。

證：惠氏棟云：

周禮乃立天官冢宰，使帥其屬，而掌邦治，以佐王均邦國，又曰六典，三曰禮典，以統百官（尚書考、頁三七二九）。

又簡氏朝亮尚書集注述疏（頁七五五九）、孫氏喬年尚書古文證疑（卷四頁一四）等書證同。驗之惠氏等後儒之證，梅氏之辨是也。

司徒掌邦教，敷五典，擾兆民。

辨：梅氏鷟云：

正義曰，周禮云，乃立地官司徒，使帥其屬，而掌邦教，以佐王安擾邦國，太宰職云，二曰教典，以安邦國，以教官府以擾萬民，鄭元云，擾亦安也，五典即五教也，舜典云，契爲司徒，敬敷五教。周禮司徒掌十有二教，一曰，以祀禮教敬，則民不苟，二曰，以陽禮教讓，則民不爭，三曰，以陰禮教親，則民不怨，四曰，以樂禮教和，則民不乖，五曰，以儀辨等，則民不越，六曰，以俗教安，則民不偷，七曰，以刑教中，則民不暴，八曰，以誓教恤，則民不怠，九曰，以度教節，則民知足，十曰，以世事教能，則民不失職，十有一曰，以賢制爵，則民愼德，十有二曰，以庸制祿，則民興功。鄭元云，有虞氏五而周十有二焉，然則十有二細分五教爲之，五教可以常行謂之五典，五典謂父義、母慈、兄友、弟恭、子孝也（考異五、頁六）。

證：王氏鳴盛云：

閻若璩曰，周禮十二教與唐虞五教名數迥別不應，成王訓廸教官，不以本朝職掌，而迺遠引上古之制，得毋類舍其田，而芸人之田乎，殆必不爾，俗儒竟有于大司徒之職下撰其文，以補之曰，掌建邦之五典，以佐王擾邦國訓萬民，一曰父子有親，二曰君臣有義，三曰夫婦有別，四曰長幼有序，五曰朋友有信，此等俗謬，皆僞書啓之也（尚書後案、頁四八八二）。

驗之王氏之證，梅氏之辨是也。

宗伯掌邦禮，治神人，和上下。

辨：梅氏鷟云：

正義曰，周禮云，乃立春官宗伯，使帥其屬，而掌邦禮，以佐王和邦國宗廟也。其職云，掌建邦之天神人鬼地祇之禮，又主吉、凶、賓、軍、嘉之五禮。吉禮之別十有二，凶禮之別有五，賓禮之別有八，軍禮之別有五，嘉禮之別有六，總之有三十六禮皆在宗伯職掌之文。太宰職云，三曰禮典以和邦國，以統百官，以諧萬民，其職又有以玉作六瑞，以等邦國，以禽作六贄，以等諸臣，是以和上下尊卑等列也（考異五、頁七）。

證：惠氏棟云：

周禮曰，乃立春官宗伯，使帥其屬而掌邦禮，以佐王和邦國，又云大宗伯掌建邦之天神人鬼地示之禮（尚書考、頁三七二九）。

又簡氏朝亮尚書集注述疏（頁七五九）、孫氏喬年尚書古文證疑（卷四頁一四）等書證同。驗之惠氏等後儒之證，梅氏之辨是也。

司馬掌邦政，統六帥，平邦國。

辨：梅氏鷟云：

正義曰，周禮云，乃立夏官司馬，使帥其屬，而掌邦政，以佐王平邦國，大宰職云，四曰，政典以平邦國，以正百官，以均萬民，其職主戎馬之事，天子六軍（考異五、頁七）。

證：惠氏棟云：

周禮曰，乃立夏官司馬，使帥其屬，而掌邦政，以佐王平邦國，又云凡制軍王六師！詩云，整我六師，顧命云，張皇六師，皆以六軍爲六師，故亦變六軍言六師也（尚書考、頁三七二九）。

又簡氏朝亮尚書集注述疏（頁七五九）、孫氏喬年尚書古文證疑（卷四頁一四）等書證同。驗之惠氏等後儒之證，梅氏之辨是也。

司寇掌邦禁，詰姦慝，刑暴亂。

辨：梅氏鷟云：

正義曰，周禮云，乃立秋官司寇，使帥其屬，而掌邦禁，以佐王刑邦國，其職云，刑邦國詰四方，馬融云，詰猶窮也（考異五、頁七—八）。

證：惠氏棟云：

周禮，乃立秋官司寇，使帥其屬，而掌邦禁，以佐王刑邦國，又云佐王刑邦國詰四方（尚書考、頁三七二九）。

又簡氏朝亮尚書集注疏（頁七五九）、孫氏喬年尚書古文證疑（卷四頁一四）等書證同。驗之惠氏等後儒之證，梅氏之辨是也。

司空掌邦土，居四民，時地利。

辨：梅氏鷟云：

正義曰，小宰職云，六曰冬官掌邦事，冬官旣亡，不知其本，禮記王制記司空之事，明冬官本有主土居民之事也，齊語云，管仲制法令士農工商，四民不雜，即此居民，使順天時，分地利授之土也，土則地利爲之名，故曰土也。司空不曰邦事而曰邦土，曰居四民，時地利者，其意欲蒐其柔於司徒者，而復還之於司空之篇也，孔疏以爲出於王制取諸管氏書者得之，其曰四民之居，明是出於管子之書無疑，然不知周之先公，先王命官之制，大抵多與古者有不盡同（考異五、頁八—九）。

證：閻氏若璩云：

冬官亡，魏晉間作書者，以王制補之，王制漢儒所作，眂周典亦不類，余曰，王制司空執度，度地居民，山川沮澤，時四時非司空掌邦土，居四民時地利之所出乎（疏證四、頁三三〇）。

又簡氏朝亮尙書集注述疏（頁七六〇）證同。驗之閻氏等後儒之證，梅氏之辨是也。

六卿分職，各率其屬，以倡九牧，阜成兆民。

辨：梅氏鷟云：

周禮曰，設官分職，又使帥其屬以佐王，今變之曰，以倡九牧，南風之歌，可以阜吾民之財（考異五、頁九）。

證：簡氏朝亮云：

周官天、地、春、夏、秋、冬六卿之職，各統其官，皆云，使帥其屬（述疏、頁七六〇）。

驗之簡氏之證，梅氏之辨是也，然未盡矣，今補證之。

補：閻氏若璩云：

周官篇其自漢書百官公卿表來乎？表云，夏殷亡聞焉，周官則備矣，天官冢宰，地官司徒，春官宗伯，夏官司馬，秋官司寇，冬官司空，是爲六卿，各有徒屬職分，用於百事；太師、太傅、太保是爲三公，蓋參天子坐而議政，無不總統，故不以一職爲官名，又立三少爲之副，少師、少傅、少保是爲孤卿，與六卿爲九焉，記曰，三公無官，言有其人然後充之（疏證四、頁三〇九）。

又王氏鳴盛尚書後案（頁四八八三）、宋氏鑒尚書考辨（卷三頁二一）、孫氏喬年尚書古文證疑（卷四頁一四）等書證同。補驗之閻氏等後儒之證，梅氏之說備矣。

六年五服一朝。又六年，王乃時巡，考制度于四岳，諸侯各朝于方岳，大明黜陟。

辨：梅氏鷟云：

大行人，周制十有二歲，王巡守殷國，時巡者，又用舜典春東、夏南、秋西、冬北之時也，考制度于四岳，如虞帝巡狩然也。頌曰，敷天之下，裒時之對，又曰，式序在位，薄言震之，莫不震疊（考異五、頁九—一〇）。

證：簡氏朝亮云：

周官大行人云，邦畿方千里，其外方五里，謂之侯服，歲壹見。又其外方五里，謂之甸服，二歲壹見。又其外方五百里，謂之男服，三歲壹見。又其外方五百里，謂之采服，四歲壹見。又其外方五百里，謂之衞服，五歲壹見。又其外方五百里，謂之要服，六歲壹見。九州之外，謂之蕃國，世壹見。十有二歲，王巡守殷國，繇是言之，蕃國者，要服之外夷服，鎭服，蕃服也，皆九州之外也，故繼世而朝焉。要服之內皆九州之內也，蓋中邦也。其六服，皆以服數而服矣。自考制度而下襲堯典爲之也（述疏、頁七六〇）。

驗之簡氏之證，梅氏之辨是也。

王曰：嗚呼！凡我有官君子，欽乃攸司，愼乃出令，令出惟行，弗惟反。以公滅私，民其允懷。

辨：梅氏鷟云：

酒誥庶士、有正，越庶伯君子。泰誓又云，我西土君子。詩敬爾在公。漢書劉向傳上封事引易曰，渙汗其大號，言號令如汗，汗出而不反者也，今出善令，未能踰時而反，是反汗也。又曰，出令則如反汗，用賢則如轉石，去佞則如拔山。後漢書胡廣傳政令惟汗，往而不反。文六年臾駢曰，以私害公。漢書賈捐之薦楊興曰，狥公絕私，則尹翁歸（考異五、頁一〇）。

證：簡氏朝亮云：

漢書劉向傳云易曰，渙汗其大號，……令出而反，是反汗也。後漢書胡廣傳云，政令惟汗，往而不反。文六年左傳云，以私害公。說文云，倉頡作書，背厶者謂之公。皐陶謨云，黎民懷之。詩鼓鐘云，懷允不忘，此其所襲也（述疏、頁七六〇）。

驗之簡氏之證，梅氏之辨是也。

學古入官，議事以制，政乃不迷。其爾典常作之師，無以利口亂厥官。蓄疑敗謀，怠忽荒政，不學牆面，莅事惟煩。

辨：梅氏鷟云：

論語好古敏以求之。襄三十一年，子產曰，僑聞學而後入政，此五句用其意。昭六年叔向曰，昔先王議事以制，不爲刑辟，此句匪略也。秦始皇本紀事不師古，孟子作之師。論語惡利口之覆，邦家者，小不忍則亂大謀。孟子及是時，明其政刑，又及是時，盤樂怠敖。論語不爲周南召南，其猶正牆面而立。說命禮煩則亂（考異五、頁一〇）。

證：簡氏朝亮云：

襄三十一年左傳云，僑聞學而後入政，昭六年左傳云，昔先王議事以制，詩節南山云，俾民不迷。史記秦史皇本紀云，事不師古。孟子云，孔子曰，惡利口，恐其亂信也。論語云，疑思問，又云，人而不爲周南召南，其猶正牆面而立也與。禮哀公問云，荒怠敖慢。襄二十一年左傳云，怠禮失政。曲禮云，宦學事師。又云蒞官行法。禮緇衣引兌命云，事煩則亂，皆其所襲也（述疏、頁七六一）。

驗之簡氏之證，梅氏之辨是也。

戒爾卿士，功崇惟志，業廣惟勤，惟克果斷，乃罔後艱。

辨：梅氏鷟云：

詩皇父卿士。漢光武云，有志者事竟成。老子曰，勤而行之。易曰，所以崇德而廣業也。古語斷而必行，鬼神避之。詩無有後艱（考異五、頁一一）。

梅氏之辨，後儒皆異其證，可知梅氏辨僞書之因襲亦有未審之處，今補辨證之。

補：惠氏棟云：

顧氏炎武曰，詩云，虡業惟樅。傳曰，業大板也，所以飾栒爲縣，捷業如鋸齒，或白畫之，爾雅，大板謂之業，左氏學人舍業。禮記大功廢業，並謂此也。縣者常防其墜，故借爲敬謹之業。書之兢兢業業，詩之赫赫業業，有震且業是也。凡人所執之事，亦當敬謹，故借爲事業之業，易傳進德修業，可大則賢人之業，盛德大業，禮記之敬業樂群是也，然三代詩書之文，並無此義，而業廣惟勤一語，乃出于梅氏所上之古文尚書（尚書考、頁三七一四）。

簡氏朝亮云：

孟子云，尚志，又云，大人之事備矣。蓋功者事也，易繫辭傳云，可大，則賢人之業。易乾文言云，君子進德修業，欲及時也。呂刑云，罔不惟德之勤，此其所襲也。論語云，由也果，於從政乎何有，蓋何有者，無難之辭，無難則罔後艱矣。史記云，語曰，當斷不斷，反受其亂，非有後艱者乎，皆其所襲也（述疏、頁七六一）。

補驗之惠氏等後儒之證，以補梅氏之辨，此可謂備矣。

位不期驕，祿不期侈。恭儉惟德，無載爾僞。作德，心逸日休；作僞，心勞日拙。

辨：梅氏鷟云：

戰國策平原君引公子牟與應侯曰，貴不與富期而富至，富不與粱肉期而粱肉至，粱肉不與驕奢期而驕奢至，驕奢不與死亡期而死亡至，累世以前坐此者多矣。孟子曰，侮奪人之君惡得爲恭儉，恭儉豈可以聲音笑貌爲哉，約二書之旨以成辭，誠亦妙矣哉。襄三十年君子曰，詩曰：淑愼爾止，無載爾僞，信之謂也。杜注逸詩，晉人見詩無此二句，遂攗取以爲書（考異五、頁一一）。

證：惠氏棟云：

閻若璩曰，戰國策曰，平原君引公子與應侯曰：貴不與富期而富至，富不與粱肉期而粱肉至，粱肉不與驕奢期而驕奢至。左傳曰：儉德之共也，閻若璩曰：恭儉出孟子。左傳詩曰，淑愼爾土，無載爾僞（尚書考、頁三七二九）。

又王氏鳴盛尚書後案（頁四八八四）、簡氏朝亮尚書集注述疏（頁七六一一）、朱氏駿聲尚書古注便讀（卷四頁二三四）等書證同。驗之惠氏等後儒之證，梅氏之辨是也。

居寵思危，罔不惟畏，弗畏入畏。

辨：梅氏鷟云：

老子之句法，多如是而此亦以三畏連用之，二畏一句，又見呂刑雖畏勿畏（考異五、頁一二）。

梅氏僅言辨僞之法未直言而明其因襲，今援後儒之證以補證之。

補：惠氏棟云：

太元禮，次七日出禮，不畏人畏。范望注云，家信爲理，違出其表，未有所畏，故曰不畏出禮入刑，刑以正衰，故曰入畏。僞孔傳云，若乃不畏，則入可畏之刑，用范注也（尙書考、頁三七二九）。

王氏鳴盛云：

襄十一年左傳引書曰，居安思危，今此改安作寵，以合戒飭百官之意（尙書後案、頁四八八五）。

又簡氏朝亮尙書集注述疏（頁七一六）、朱氏駿聲尙書古注便讀（卷四頁二三四）等書證同。補驗之惠氏等後儒之證，梅氏之辨方可謂備矣。

推賢讓能，庶官乃和，不和，政厖。

辨：梅氏鷟云：

劉向封事曰：舜命九官，濟濟相讓，和之至也，衆賢和於朝，則萬物和於野，又曰，雜遝衆賢，罔不肅和，崇推讓之風，以銷分爭之訟，又曰，此皆不和賢，不肖易位之所致也，左傳孤突曰：服其身則衣之純厖，涼冬殺。梁餘子養曰，不獲而厖命可知矣（考異五、頁一一二）。

證：惠氏棟云：

「庶官乃和，不和政龐」閻若璩曰：亦用劉向封事中語（尚書考、頁三七二九）。又簡氏朝亮尚書集注述疏（頁七六一）、朱氏駿聲尚書古注便讀（卷四頁二三四）等書證同。驗之惠氏等後儒之證，梅氏之辨是也。然其說未盡矣，今補證之。

補：惠氏棟又云：

「推賢讓能」，荀子非十二子曰，推賢讓能，而安隨其後，如是者寵則必榮（尚書考、頁三七二九）。又王氏鳴盛尚書後案（頁四八八五）、簡氏朝亮尚書集注述疏（頁七六一）等書證同。補驗之惠氏之證，則梅氏之辨備矣。

擧能其官，惟爾之能，稱匪其人，惟爾不任。

辨：梅氏鷟云：

荀子仲尼曰，擅寵於萬乘之國，必無後患之術，莫若好同之，援賢博施除怨，而無妨害之，能耐任之，則愼行此道，能而不耐任。按周官全是節寫荀卿此章（考異五、頁一二一）。

證：王氏鳴盛云：

荀子仲尼篇，推賢讓能，而安隨其後（尚書後案、頁四八八五）。驗之王氏之證，梅氏之辨是也。

王曰：嗚呼！三事暨大夫，敬爾有官，亂爾有政，以佑乃辟，永康兆民，萬邦惟無斁。

辨：梅氏鷟云：

詩三事大夫，今用詩人之言，而增「暨」字於其間，蓋以三事兼言三公三孤之事也，上大夫六卿也。蔡傳以爲即立政之三事者非也，蓋蔡沈徒知三事之出於立政，而不知三事大夫一句，則全取諸詩，而非取諸立政。顧命曰其能而亂四方，洛誥亂爲四方新辟，詩以佐戎辟，今改「佐」爲「佑」，改「戎」爲「乃」，文侯之命，永綏在位，惠康小民，今改「惠」爲「永」，改「小」爲「兆」，中庸近之則不厭，詩在此無斁（考異五、頁一三）。

證：王氏鳴盛云：

詩有三事大夫，鄭箋專指三公，此則欲並孤與六卿之屬皆及，故曰三事暨大夫，總承上文之辭，用詩之文，而改其義（尚書後案、頁四八八五）。

又簡氏朝亮尚書集注述疏（頁七六一二）、朱氏駿聲尚書古注便讀（卷四頁二三五）等書證同。驗之王氏等後儒之證，梅氏之辨是也。

君陳

王若曰：君陳！惟爾令德孝恭，惟孝友于兄弟，克施有政。命汝尹茲東郊，敬哉！

辨：梅氏鷟云：

國語單襄公曰，晉襄公曰，驩此其孫也，而令德孝恭，非此其誰。論語書曰，孝乎惟孝，友于兄弟，施于有政，今作克施。左定四年，祝佗謂萇宏曰，以尹天下，皐陶謨，敬哉有土（考異五、頁一三）。

證：閻氏若璩云：

梅氏鷟亦謂君陳篇上竊國語令德孝恭之文，下輯論語惟孝友于兄弟等語，以頗重覆，遂去孝乎二字，論語所引書，未知的出何篇，僞作者竄入君陳篇中亦有故，益見鄭注禮記坊記云，君陳蓋周公之子伯禽弟也，意其人爲周公之子，伯禽之弟，必孝且友，故以二語實之，又嫌太突不便接君陳，特裝上惟爾令德孝恭一語爲贊，下方泛論孝之理，必友于兄弟，能施有政令，即以本題尹茲東郊，從政字生下，湊泊彌縫痕跡宛然（疏證一、頁二七八—二七九）。

又惠氏棟古文尚書考（頁三九二九）、王氏鳴盛尚書後案（頁四八八五）、程氏廷祚晚書訂疑（頁一九八六）、朱氏駿聲尚書古注便讀（卷四頁二三五）、孫氏喬年尚書古文證（卷四頁一二五）、宋氏鑒尚書考辨（卷三頁二二）等書證同。驗之閻氏等後儒之證，梅氏之辨是也。

昔周公師保萬民，民懷其德，往愼乃司，茲率厥常，懋昭周公之訓，惟民其乂。

辨：梅氏鷟云：

襄十四年，劉定公曰，昔伯舅太公右我先王，股肱周師，師保萬民，世胙太師，以表東海，茲率舅氏之典纂，茲率即左傳茲率字，但易典字爲厥常。酒誥聰聽祖考之彝訓。康誥用康乂民，堯典有能俾乂（考異五、頁一三—一四）。

證：簡氏朝亮云：

襄十四年左傳云，王賜齊侯命曰，昔伯舅大公，師保萬民。又云，茲率舅氏之典。釋詁云，典、常也。康誥云，惟民其康乂，此其所襲也（述疏、頁七六三）。

又朱氏駿聲尚書古注便讀（頁四頁二三五）、屈氏翼鵬尚書釋義（頁一八九）等書證同。驗之惠氏等後儒之證，梅氏之辨是也。

我聞曰：至治馨香，感于神明。黍稷非馨，明德惟馨。爾尚式時周公之猷訓，惟日孜孜，無敢逸豫。

辨：梅氏鷟云：

呂刑曰，罔有馨香，德刑發聞惟腥。大禹謨曰：至誠感神，僖五年宮之奇言周書又曰，黍稷匪馨，明德惟馨，其上文曰，鬼神非人實親，惟德是依，下文曰，若晉取虞而明德以薦馨香，神其吐之乎，即至治馨香感于神明之謂，然則其所謂，我聞者曷聞也，聞諸宮之奇而已。湯誓爾尚輔予一人。多方爾尚宅爾宅。君牙又曰，乃惟由先正舊典時式，君奭我式克至，于今日休，皐陶謨予思日孜孜，康誥無康好逸豫（考異五、頁一四）。

證：閻氏若璩云：

論至治馨香感于神明，亦引僖五年傳曰，詳宮之奇原文，所謂馨香本屬黍稷而言，黍稷者本屬祀神言，意謂祀神所重在德，苟有德矣，其馨香非第黍稷而已，乃明德之馨香也，今其上，既無黍稷字，突然曰，至治馨香，夫馨香於至治何與耶，…皆爲吞剝周書成語（疏證八、頁五〇八）。

簡氏朝亮云：

皐陶謨云，予思日孜孜。康誥云，無康好逸豫，此其所襲也（述疏、頁七六三）。

又王氏鳴盛尚書後案（頁四八八六）、宋氏鑒尚書考辨（卷三頁二二）、孫氏喬年尚書古文證疑（卷四頁一五）等書證同。驗之閻氏等後儒之證，梅氏之辨也。

凡人未見聖，若不克見；既見聖，亦不克由聖。爾其戒哉！爾惟風，下民惟草。

辨：梅氏鷟云：

緇衣君陳云，未見聖，若己弗克見，既見聖，亦不克由聖。鄭氏曰，克能也，由用也。尚書無己字，論語君子之德風，小人之德草，草上之風必偃，孔子聖人也，豈有不引書云，而攘以爲己吐哉，以此觀之一節之中，但爾其戒哉一句，乃晉人杜撰，以承上接下餘皆蒐與襲（考異五、頁一四）。

證：惠氏棟云：

緇衣君陳云，未見聖，若己弗克見，既見聖，亦不克由聖。論語曰，君子之德風，小人之德草（尚書考、頁三七二九）。

又王氏鳴盛尚書後案（頁四八八六）、簡氏朝亮尚書集注述疏（頁七六三）、程氏廷祚晚書訂疑（頁一九八六）、宋氏鑒尚書考辨（卷三頁二二）、孫氏喬年尚書古文證疑（卷四頁一五）、屈氏翼鵬尙書釋義（頁一八五）等書證同。驗之惠氏等後儒之證，梅氏之辨是也。

圖厥政，莫或不艱。有廢有興，出入自爾師虞，庶言同則繹。

辨：梅氏鷟云：

老子曰，圖難於其易，緇衣君陳曰，出入自爾師虞，庶言同。無則繹二字。孟子國人皆曰賢，然後察之，國人皆曰可殺，然後察之，則繹之謂也。論語繹之爲貴，立政克由繹之（考異五、頁一五）。

證：簡氏朝亮云：

多方云，圖厥政。釋詁云，艱難也。論語云，爲之難。僖十年左傳云，不有廢也，其何以興。論語云，繹之爲貴，此其所襲也。其餘則襲禮緇衣所引君陳文爲之也（述疏、頁七六三）。又程氏廷祚晚書訂疑（頁一九八六）、孫氏喬年尙書古文證疑（卷四頁一五）、宋氏鑒尙書考辨（卷三頁二二）等書證同。驗之簡氏等後儒之證，梅氏之辨是也。

爾有嘉謀嘉猷，則入告爾后于內，爾乃順之于外。曰：斯謀斯猷，惟我后之德。嗚呼！臣人咸若時，惟良顯哉。

辨：梅氏鷟云：

坊記子云，善則稱君，過則稱己，則民作忠，君陳曰，爾有嘉謀嘉猷，則入告爾君于內，女乃順之于外，曰此謀此猷，惟我君之德，於乎，是惟良顯哉，但后字皆作君，斯字作此，無臣人咸若時一句，而末句增是字，皐陶謨咸若時，惟帝其難之（考異五、頁一五）。

證：惠氏棟云：

坊記君陳曰，爾有嘉謀嘉猷，入告爾君于內，女乃順之于外，曰，此謀此猷惟我君之德，於乎，是惟良顯哉，春秋繁露所引與坊記同，云忠臣不顯諫，欲其由君出也，古之良大夫其君若是。…棟謂坊記所引必有所指，後儒不疑晚出古文，而追咎成王過矣（尚書考、頁三七二九）。

又王氏鳴盛尚書後案（頁四八八六）、孫氏喬年尚書古文證疑（卷四頁一五）、宋氏鑒尚書考辨（卷三頁二二）等書證同。驗之惠氏等後儒之證，梅氏之辨是也。

王曰：君陳！爾惟宏周公丕訓，無依勢作威，無倚法以削。寬而有制，從容以和。

辨：梅氏鷟云：

篇內凡言周公訓者三，康誥宏于天，又乃服惟宏王。洪範曰，無有作威。荀子曰，寬而不慢，左傳曰，政寬則民慢，慢則濟之以猛，立政率惟謀從容德（考異五、頁一五）。

證：簡氏朝亮云：

丕訓者，襲立政爲之也。鴻範云，臣之有作福作威。鬼谷子云，與貴言者，依於勢。史記秦始皇本紀云，事皆決于法，刻削。毋仁恩和義。昭二十年左傳云，猛以濟寬，政寬則民慢。學記云，相說以觸，又云，待其從容，皆其所襲也（述疏、頁七六三）。

驗之簡氏之證，梅氏之辨是也。

殷民在辟，予曰辟，爾惟勿辟；予曰宥，爾惟勿宥。惟厥中。

辨：梅氏鷟云：

禮文王世子，有司讞于公其死罪，前曰，某之罪在大辟，其刑罪，則曰某之罪在小辟，公曰，宥之有司，又曰在辟公，又曰，宥之有司，又曰，在辟及三宥，不對走出。呂刑士制百姓于刑之中，又故乃明于刑之中，惟良折獄，罔非在中（考異五、頁一五—一六）。

證：惠氏棟云：

梅鷟曰，取諸文王世子，公曰，宥之有司曰在辟（尙書考、頁三七三〇）。

又王氏鳴盛尙書後案（頁四八八七）、程氏廷祚晚書訂疑（頁一九八六）、簡氏朝亮尙書集注述疏（頁七六三三）、孫氏喬年尙書古文證疑（卷四頁一五）、朱氏駿聲尙書古注便讀（卷四頁二三七）等書證同。驗之惠氏等後儒之證，梅氏之辨是也。

有弗若于汝政，弗化于汝訓，辟以止辟，乃辟。狃于姦宄，敗常亂俗，三細不宥。

辨：梅氏鷟云：

無逸非天攸若，又曰，非民攸訓，左傳五典克從，無違教也。堯典寇賊姦宄，左傳以亂天常，太甲欲敗度縱敗禮。微子用亂敗厥德于下。王制一道德以同俗。康誥乃惟終自作不典，式爾有厥罪小，乃不可不殺（考異五、頁一六）。

證：簡氏朝亮云：

堯典云，寇賊姦宄。康誥云，自作不典，又云，有厥罪小，乃不可不殺。釋詁云，典、法、常也。不典者，敗常法也。細猶小也，此其所襲也。周官司刺有三宥之文，今竄之爲三不宥爾（述疏、頁七六四）。

驗之簡氏之證，梅氏之辨是也。

爾無忿疾于頑，無求備于一夫。

辨：梅氏鷟云：

多士予惟率肆矜爾非予罪。多方曰，自作不和爾惟和哉，爾室不睦，爾惟和哉，是皆無忿疾之意，然未嘗目之曰頑也。周語富辰曰，非有辨周公謂魯公曰，無求備于一人，今改人爲夫（考異五、頁一六）。

證：惠氏棟云：

論語曰，周公謂魯公曰，無求備于一人（尚書考、頁三七三〇）。

又王氏鳴盛尚書後案（頁四八八七）、宋氏鑒尚書考辨（卷三頁二二）、孫氏喬年尚書古文證疑（卷四頁一五）、朱氏駿聲尚書古注便讀（卷四頁二三七）、屈氏翼鵬尚書釋義（頁一八九）等書證同。驗之惠氏等後儒之證，梅氏之辨是也。

必有忍，其乃有濟；有容，德乃大。

辨：梅氏鷟云：

周語富辰曰，書有之曰，必有忍也，若能有濟也，注若乃也。孔子曰，小不忍則亂大謀，左傳魯以能忍爲國，忍其大不忍其小何居，又曰，忍過事堪喜，洪裕寬綽，足以有容德之大也（考異五、頁一六—一七）。

證：惠氏棟云：

國語富辰曰，書有之曰，必有忍也，若能有濟也（尚書考、頁三七三〇）。

又王氏鳴盛尚書後案（頁四八八七）、程氏廷祚晚書訂疑（頁一九八六）、孫氏喬年尚書古文證疑（卷四頁一五）、宋氏鑒尚書考辨（卷三頁二二）、屈氏翼鵬尚書釋義（頁一八九）等書證同。驗之惠氏等後儒之證，梅氏之辨是也。

簡厥修，亦簡其或不修：進厥良，以率其或不良。

辨：梅氏鷟云：

王制修六禮以節民性，…簡不肖以絀惡命，鄉簡不帥教者。又曰大樂正論造士之賢者，進士之賢者，以告于王（考異五、頁一七）。

梅氏辨此語，後儒多未爲其辨證之，僅簡氏朝亮補證之，今錄其證，以補梅氏之辨。

補：簡氏朝亮云：

盤庚云，予其懋簡相爾，簡者，閱也。禮學記引兌命云，厥修乃來，其不來者，即其不修也。

詩十月之交云，四國無政，不用其良，皆其所襲也。論語云，直者必良，枉者必不良，如采木之良不良然也，今襲而竄之爾（述疏、頁七六四）。

惟民生厚，因物有遷。違上所命，從厥攸好。爾克敬典在德，時乃罔不變，允升于大猷。惟予一人膺受多福，其爾之休，終有辭于永世。

辨：梅氏鷟云：

成公十六年，申叔時曰，民生厚而德正，大學曰，其所令，反其所好，而民不從，君奭其汝克敬德。康誥汝亦罔不克敬典，勿替敬典。易曰，允升大吉。詩匪大猷是經。盤庚惟予一人有佚罰。古祝詞膺受多福。呂刑鰥寡有辭于苗（考異五、頁一七）。

證：簡氏朝亮云：

成十六年左傳云，民生厚而德正，樂記云，人生而靜，天之性也，感於物而動，性之欲也。禮緇衣云，下之事上也，不從其所令，從其所行，上好是物，下必有甚者矣。大學云，其所令，反其所好，而民不從，此其所襲也。康誥云，汝亦罔不克敬典，此告汝德之說也。易升初天云，允升大吉。詩巧言云，秩秩大猷。詩賚云，我應受之。襄十三年左傳云，應受多福，洛誥云，汝永有辭，皆其所襲也（述疏、頁七六四）。

驗之簡氏之證，梅氏之辨是也。

畢命

惟十有二年，六月庚午朏。越三日壬申，王朝步自宗周，至于豐。以成周之衆，命畢公保釐東郊。

辨：梅氏鷟云：

漢律歷志云，康王畢命豐刑曰，惟十有二年六月庚午朏，王命作策書豐刑，洪範惟十有三祀，召誥越若來三月，惟丙午朏，越三日戊申，又上文云，王朝步自周，則至于豐，…僞畢命者，以豐刑之年月，可以欺人而用之，其下文未妥而修改之（考異五、頁一八）。

證：惠氏棟云：

漢書律曆志曰，康王十二年六月戊辰朔三日庚午，故畢命豐刑曰，惟十有二年六月庚午朏，王命作策書豐刑，梅頣襲其詞。汲郡古文曰，康王十二年夏六月壬申，王如豐錫畢公命，召誥曰，越六日乙未，王朝步自周，則至于豐（尚書考、頁三七三〇）。

又孫氏喬年尚書古文證疑（卷四頁一五）、宋氏鑒尚書考辨（卷三頁二三）等書證同。驗之惠氏等後儒之證，梅氏之辨是也。然亦有未盡處，今補證之。

補：王氏鳴盛云：

詩云，赫赫宗周。序云分居里成周郊，遂兼釆之，組織湊合以成，此一節爲通篇之緣起，至于豐刑之義，及册命霍侯之事，則作僞者，亦已不詳其說，無從撰造，故竟棄之耳（尚書後案、頁四八八八）。

梅氏之辨，補之王氏之證，言僞書之因襲備矣。

王若曰：嗚呼！父師！惟文王武王，敷大德于天下，用克受殷命。

辨：梅氏鷟云：

微子父師。洛誥禋于文王武王。大誥敷前人受命。顧命昔君文王武王，易天地之大德曰生。詩敷天之下。君奭惟時受有殷命哉！多方簡畀殷命尹爾多方。然周稱太師太保未見有同殷稱父師者（考異五、頁一八）。

證：朱氏駿聲云：

畢公代周公爲太師，父師二字微子文也。用克達殷集大命，顧命文也。惟時受有殷命哉君奭文也（註一二）。

驗之朱氏之證，梅氏之辨是也。

惟周公左右先王，綏定厥家，毖殷頑民，遷于洛邑，密邇王室，式化厥訓。既歷三紀，世變風移，四方無虞，予一人以寧。

辨：梅氏鷟云：

襄十四年劉定公曰，昔伯舅太公右我先王，改作左右字。詩綏萬邦，克定厥家。洛誥伻來毖殷。大誥天亦惟用勤毖我民，又無毖于恤，又天閟毖我成功，所詩予其懲，而毖後患。僞作書者，以後患指殷頑民也。多士予惟時其遷居西爾，又曰，今朕作大邑于茲洛。商書密邇桐宮，周本紀武王曰毋遠天室。多士又曰，移爾遐逖，君陳弗化于汝訓，今云，式化厥訓。詩王心載寧，正有辨頑民之說（考異五、頁一九）。

證：惠氏棟云：

閻若璩曰，襄十四年劉定公曰，昔伯舅太公右我先王。洛誥伻來毖殷大誥天，亦用勤毖我民。序曰，成周旣成，遷殷頑民（尚書考、頁三七三〇）。

王氏鳴盛云：

此特因多士、多方、洛誥等篇，有毖殷遷洛之云，而君陳、畢公繼理其事，故撰造其說，以命畢公（尚書後案、頁四八八九）。

驗之惠氏等後儒之證，梅氏之辨是也。

道有升降，政由俗革，不臧厥臧，民罔攸勸。

辨：梅氏鷟云：

襄二十九年叔向曰，宋之樂，其以宋升降乎。檀弓子思曰，道隆則從而隆，道汚則從而汚，益之損之與時宜之。論語擧善則勸（考異五、頁一九）。

證：惠氏棟云：

閻若璩曰，襄二十九年叔向曰，其以宋升降乎（尚書考、頁三七三〇）。

驗之惠氏之證，梅氏之辨是也。然亦有未盡之處，今補證之。

補：簡氏朝亮云：

易象傳云，革之時大矣哉，蓋時變斯俗變矣，釋詁云，臧善也，詩小旻云，謀臧不從，不臧覆用，蓋如孟子言不善變也，此其所襲也（述疏、頁七六六）。

惟公懋德，克勤小物，弼亮四世，正色率下，罔不祗師言，嘉績多于先王，予小子垂拱仰成。

辨：梅氏鷟云：

商書古文方懋厥德，晉語知伯國曰，夫君子能勤小物，故無大患，淮南子道應訓武王之佐五人，許愼注謂周公、召公、太公、畢公、毛公也，武王於五者，不能一事焉。然而垂拱受成功焉。善乘人之資也，公羊傳孔父正色而立于朝。周官又云，寅亮天地，弼予一人，四世兼文王之世言之，左傳予嘉乃績（考異五、頁一九—二〇）。

證：惠氏棟云：

晉語知伯國曰，夫君子能勤小物，故無大患，韋昭曰物事也。公羊傳曰，孔父正色而立于朝。愼子曰，君逸樂而臣任勞，臣盡智力，以善其事，而君無與焉，仰成而已。閻若璩曰，漢書薛宣傳，馮翊垂拱蒙成，後漢書孝章八子傳曰，淸河王慶曰，仰恃明主垂拱受成。淮南道應訓曰，武王之佐五人，許愼注謂周公、召公、太公、畢公、毛公也，武王于五者不能一事也，然垂拱而受成功焉，善乘人之資也（尙書考、頁三七三〇）。

又王氏鳴盛尙書後案（頁四八八九），簡氏朝亮尙書集注述疏（頁七六六）等書證同。驗之惠氏等後儒之證，梅氏之辨是也。

王曰：嗚呼父師！今予祇命公以周公之事。往哉！旌別淑慝，表厥宅里，彰善癉惡，樹之風聲，弗率訓典，殊厥井疆，俾克畏慕，申畫郊圻，愼固封守，以康四海。

辨：梅氏鷟云：

襄十四年劉定公曰，今予命女環，下文弗率訓典，又變茲率舅氏之典，堯典曰往哉。緇衣曰，有國者章善癉惡以示民厚，則民情不貳，又曰君民者，章好以示民俗愼惡，以御民之淫，則民不惑矣。表記故君子不自大其事，不自尚其功，以求處情過行弗率，以求處厚彰人之善，而美人之功，以求下賢於淑，即章好之謂別慝，即愼惡之謂表其宅里。左傳文六年，君子曰，並建聖哲，樹之風聲。又曰，告之訓典，不用過行弗率，而用弗率訓典。季孫葬昭公於塋外，仲尼溝而一之，此殊井疆於死者也。左傳大國一圻，即王畿之畿也，四方之極，則四海康矣（考異五、頁二〇—二一）。

證：惠氏棟云：

緇衣曰，有國家者，章義癉惡，以示民厚。左傳文六年，並建聖哲，樹之風聲，又云，告之訓典（尚書考、頁三七三〇）。

梅氏之辨，雖有惠氏之證，然其說固是，但亦有未盡之處，今補證之。

補：王氏鳴盛云：

此節敷衍序中，分居里成周郊之意，旌別二句，本之太公六韜云（尚書後案、頁四八九○）。又簡氏朝亮尚書集注述疏（頁七六六）、朱氏駿聲尚書古注便讀（卷四頁二五○）等書證同。補驗之王氏等後儒之補證，梅氏之辨方可謂備矣。

政貴有恒，辭尚體要，不惟好異。商俗靡靡，利口惟賢，餘風未殄。公其念哉！

辨：梅氏鷟云：

論語人而無恒，不可以作巫醫。易曰，不恒其德。論語辭達而已矣，尚體要則不華靡矣，畏政不純久，異言非體要。漢書張釋之曰，今以嗇夫口辨，而超遷之，臣恐天下隨風靡爭，口辨無其實，餘風尚存，所當化誨也（考異五、頁二一）。

證：簡氏朝亮云：

論語云，得見有恒者，斯可矣。易繫辭傳云，亦要存亡吉凶，則居可知矣。知者觀其彖辭，則思過半矣，此體要之例也。荀悅漢紀後序云，通達體要，論語云，攻乎異端，斯害也已。韓非子云，紂使師延作靡靡之樂。論語云，惡利口之覆邦家者，漢書稱張釋之諫文帝云，今以嗇夫口辯，而超遷之，臣恐天下隨風靡，爭口辯，亡其實，蓋賢乎利口者之憂也。釋詁云，殄絕也。皆其所襲也（述疏、頁七六七）。

驗之簡氏之證，梅氏之辨是也。然簡氏較梅氏備矣。

我聞曰：世祿之家，鮮克由禮，以蕩陵德，實悖天道。敝化奢麗，萬世同流。

辨：梅氏鷟云：

孟子仕者世祿，禮記隆禮由禮，謂之君子，論語今之狂也，蕩國語蔑有德。昭二十年叔孫昭子曰，然則戴桓也，汰侈無禮已甚。亂所在也。晉語叔向曰，桓子驕泰奢侈。晉語叔孫穆子曰，此之謂世祿，非不朽也。左傳天道遠，孟子曰天地同流（考異五、頁二一）。

此節後儒多未辨證，僅簡氏論辨之，但其說異，今錄補之。

補：簡氏朝亮云：

禮經解云，不由禮謂之無方之民，詩宛邱序云，淫荒昏亂，游蕩無度焉。其詩云，子之湯兮。史記十二諸侯表序云，仁義陵遲，其詩云，德音孔昭，則反刺其陵德也。昭元年左傳云，無禮而好陵人，怙富而卑其上，此陵德可知也。易頤象傳云，道大悖也。詩關雎序云，上以風化下，蓋變風，斯敝化矣，戰國策云，妻子衣服麗都。孟子云，同乎流俗，此其所襲也（述疏、頁七六七）。

合梅氏、簡氏二家之辨證，言此節之因襲，可謂備矣。

茲殷庶士，席寵惟舊，怙侈滅義，服美于人。驕淫矜侉，將由惡終；雖收放心，閑之惟艱。資富能訓，惟以永年，惟德惟義，時乃大訓，不由古訓，于其何訓。

辨：梅氏鷟云：

因周公有誥殷多士之篇，故言殷庶士，庶士即多士也，舊即舊染，汚俗之舊。襄二十七年，慶封之車美叔孫曰，服美不稱，必以惡終，美車何爲？孟子曰，仁人心也，義人路也，繼之曰，放其心。蜀先主戒子曰，惟德惟義，可以服人（考異五、頁二三－二四）。

證：惠氏棟云：

閻若璩曰，襄二十七年叔孫曰，服美不稱，必以惡終。王應麟曰，孟子求放心之說也（尚書考、頁三七三〇）。

又王氏鳴盛尚書後案（頁四八九〇）、簡氏朝亮尚書集注述疏（頁七六七）、朱氏駿聲尚書古注便讀（卷四頁二五一）等書證同。驗之惠氏等後儒之證，梅氏之辨是也。

王曰：嗚呼！父師！邦之安危，惟茲殷士，不剛不柔，厥德允修。惟周公克愼厥始，惟君陳克和厥中，惟公克成厥終，三后協心，同底于道。道洽政治，澤潤生民。四夷左衽，罔不咸賴。予小子永膺多福。

辨：梅氏鷟云：

秦誓邦之杌隉，邦之榮懷，今約以邦之安危一句。洛誥、多士、多方所作，皆周公爲遷洛之事也，故曰克愼厥始，多方曰，時惟爾初，故曰君陳克和厥中。「三后協心」雖有呂刑之三后可據，可謂不辭。襄十四年劉定公曰，王室不壞，繄伯舅是賴（考異五、頁二五－二六）。

證：王鳴盛云：

三后二字見呂刑（尚書後案、頁四八九〇）。

梅氏之辨，雖有王氏之證，但亦有所失，今補證之。

補：惠氏棟云：

周禮大司徒六德智、仁、聖、義、忠、和，鄭注和不剛不柔，僞孔傳云，言邦國所以安危，惟在和此殷士而已，此乎鄭注而用其義。荀子臣道篇，澤被生民，班彪王命論，流澤加于生民。汲郡古文曰，成王二十五年，王大會諸侯于東都，四夷來賓。論語曰，被髮左衽（尚書考、頁三七三〇）。

又簡氏朝亮尚書集注述疏（頁七六八）、朱氏駿聲尚書古注便讀（卷四頁二五二）等書證同。補驗之惠氏等後儒之補證，言此節之因襲可謂備矣。

公其惟時成周，建無窮之基，亦有無窮之聞。子孫訓其成式惟乂。嗚呼！罔曰弗克，惟既厥心，罔曰民寡，惟愼厥事。欽若先王成烈，以休于前政。

辨：梅氏鷟云：

漢書建不拔之基。詩令聞不已（考異五、頁二六）。

梅氏言此節之因襲，簡略而後儒又異其辨，故今補證之。

補：簡氏朝亮云：

召誥云，無疆惟休，亦無疆惟恤，鴻範云，是訓是行。釋詁云，乂治也，此其所襲也（述疏、頁七六八）。

朱氏駿聲云：

「欽若」見堯典，成烈見洛誥（古注便讀、卷四、頁二五二）。

補驗之簡氏、朱氏之證，此節之因襲可謂備矣。

君牙

王若曰：嗚呼！君牙！惟乃祖乃父，世篤忠貞，服勞王家，厥有成績，紀于太常。

辨：梅氏鷟云：

盤庚乃祖乃父，又曰，世選爾勞。金縢成王曰，昔公勤勞王家。文侯之命有績予一人。洛誥其自時中乂，萬邦咸休，惟王有成績。周禮司勳，凡有功者，銘書於王之大常，祭於大烝，司勳詔之（考異五、頁二一七）。

證：惠氏棟云：

惟乃祖乃父，見盤庚。周禮司勳曰，凡有功者，銘書于王之大常。周書嘗麥曰，用大正順天思，序紀于大常，大常今作大帝，乃知梅賾所據逸周書，猶是善本（尚書考、頁三七三〇）。

又王氏鳴盛尚書後案（頁四八九一）、簡氏朝亮尚書集注述疏（頁七六八〇）、孫氏喬年尚書古文證疑（卷四頁一一六）、屈氏翼鵬尚書釋義（頁一八九）等書證同。驗之惠氏等後儒之證，梅氏之辨是也。

惟予小子，嗣守文、武、成、康遺緒，亦惟先王之臣，克左右亂四方。心之憂危，若蹈虎尾，涉于春冰。

辨：梅氏鷟云：

詩惟予小子，未堪家多難。中庸纘太王王季，文王之緒，「惟序」二字見顧命。「小子」亦見顧命，嗣守文武四字，亦見顧命。文侯之命，亦惟先正，克左右昭事厥辟。顧命曰，爾先公之臣，服于先王，又曰，其能亂四方。詩曰，心之憂矣。易曰履虎尾。詩曰，如履薄冰。又荀子君臣篇，狎虎則危，災及其身，老子若冬涉川（考異五、頁二七）。

證：惠氏棟云：

閻若璩曰，「惟予」二字，見康王之誥，「小子」見顧命，嗣守文武亦見顧命。文侯之命曰，亦惟先正克左右。顧命曰，其能而亂四方。易曰，履虎尾。詩如履薄冰（尚書考、頁三七三〇）。

又王氏鳴盛尚書後案（頁四八九一）、簡氏朝亮尚書集注述疏（頁七六九）、朱氏駿聲尚書古注便讀（卷四頁二五二）等書證同。驗之惠氏等後儒之證，梅氏之辨是也。

今命爾予翼，作股肱心膂。纘乃舊服，無忝祖考。宏敷五典，式和民則。爾身克正，罔敢弗正；民心罔中，惟爾之中。

辨：梅氏鷟云：

予翼見皋陶謨及周書，周語太子晉曰，謂其能爲禹股肱心膂，以養物豐民人也。襄十四年劉定公曰，纂乃祖考，無忝乃舊，今改作纘乃舊服，無忝祖考，皋陶謨勅我五典，五惇哉！堯典敬敷五教在寬，左傳和民則，詩有物有則。論語子帥以正，孰敢不正。書又言率自中，商書古文，又言建中于民，倪寬言，惟天子建中和之極（考異五、頁二七—二八）。

證：惠氏棟云：

閻若璩曰，予翼見皐陶謨及周書。周語太子晉曰，謂其能爲禹股肱心膂。左傳王使劉定公賜齊侯命曰，纂乃祖考無忝乃舊。舜命契爲司徒曰，敬敷五教。論語子帥以正，孰敢不正（尚書考、頁三七三〇）。

又簡氏朝亮尚書集注述疏（頁七六九）、朱氏駿聲尚書古注便讀（卷四頁二五二）等書證同。驗之惠氏等後儒之證，梅氏之辨是也。

夏暑雨，小民惟曰怨咨；冬祁寒，小民亦惟曰怨咨。厥惟艱哉！思其艱以圖其易，民乃寧。

辨：梅氏鷟云：

緇衣君雅曰，夏日暑雨，小民惟曰怨資，冬祁寒，小民亦惟曰怨。「雅」書序作「牙」，假借字也。老子爲無爲章圖難於其易。漢書民以寧一（考異五、頁二八）。

證：惠氏棟云：

緇衣君雅曰，夏日暑雨，小民惟曰怨資，冬祁寒，小民亦惟曰怨，注云，「雅」書序作「牙」，假借字也。梅鷟曰，取諸老子圖難于其易（尚書考、頁三七三〇）。

又王氏鳴盛尚書後案（頁四八九一）、朱氏駿聲尚書古注便讀（卷四頁二五三）、屈氏翼鵬尚書釋義（頁一九一）等書證同。驗之惠氏等後儒之證，梅氏之辨是也。

嗚呼！丕顯哉，文王謨；丕承哉，武王烈。啓佑我後人，咸以正罔缺。爾惟敬明乃訓，用奉若于先王。對揚文武之光命，追配于前人。

辨：梅氏鷟云：

孟子作佑啓我後人，咸以正無缺，然非若緇衣明言君雅之篇。詩敬明其德。漢書奉若天道，詩對揚王休。說命又曰，對揚天子之休命（考異五、頁二八）。

證：惠氏棟云：

孟子曰，書曰，丕顯哉，文王謨，丕承哉，武王烈。佑啓我後人，咸以正無缺（尚書考、頁三七三〇）。

驗之惠氏之證，梅氏之辨是也，然亦有未盡之處，今補證之。

補：王氏鳴盛云：

丕顯六句見孟子。對揚句本顧命用答揚文武之光訓。追配句本文侯之命追孝于前文人（尚書後案、頁四八九〇）。

又簡氏朝亮尚書集注述疏（頁七七〇）、孫氏喬年尚書古文證疑（卷四頁一六）、朱氏駿聲尚書古注便讀（卷四頁二五三）、屈氏翼鵬尚書釋義（頁一九一）等書證同。補驗之王氏等後儒之證，梅氏言此節之因襲，方可謂備矣。

王若曰：君牙！乃惟由先正舊典時式，民之治亂在茲。率乃祖考之攸行，昭乃辟之有乂。

辨：梅氏鷟云：

詩昔吾有先正，又群公先正。君陳亦曰爾尙式時。周公之猷訓。孟子天下之生久矣，一治一亂。皋陶曰，念茲在茲。詩率由舊章。乃祖見盤庚。詩戎醜攸行。文侯之命用會紹乃辟。康誥用康乂民（考異五、頁二九）。

證：孫氏喬年：

文侯之命亦惟先正克左右，昭事厥辟。汝克昭乃顯祖（同上），用會紹乃辟（同上）（古文證疑、卷四、頁一六）。

驗之孫氏之證，梅氏之辨是也。

冏命

王若曰：伯冏！惟予弗克于德，嗣先人宅丕后。怵惕惟厲，中夜以興，思免厥愆。

辨：梅氏鷟云：

康誥曰，克明德。立政曰，宅乃事，宅乃牧，宅乃準，茲惟后矣。乾九三夕惕若厲。孟子仰而思之，幸而得之，坐以待旦。詩宣王欲早起，問夜如何，其夜未央，又夙興夜寐。泰誓則罔所愆易無咎者，善補過也（考異五、頁二九）。

證：惠氏棟云：

祭義曰，必有怵惕之心。易曰夕惕若厲。七發惕惕怵怵，臥不得瞑（尚書考、頁三七三〇）。

又簡氏朝亮尚書集注述疏（頁七七一），朱氏駿聲尚書古注便讀（卷四頁二四五）等書證同。驗之惠氏等後儒之證，雖其辨證未全同，但後儒皆師承梅氏之言，而增益之，此乃後出專精而已。

昔在文武，聰明齊聖，小大之臣，咸懷忠良。其侍御僕從，罔匪正人。以旦夕承弼厥辟，出入起居，罔有不欽。發號施令，罔有不臧。下民祗若，萬邦咸休。

辨：梅氏鷟云：

詩昔在中葉。中庸聰明睿知。小序堯聞之聰明。左傳史克稱八愷齊聖廣淵。微子之命，乃祖成湯，克齊聖廣淵，既全以與成湯，今又分齊聖二字，以言文武。仲虺之誥。小大戰戰，咸懷忠良者，孟子左右前後，皆薛居州也，旦夕承辟者，有違即弼也，出則警入則蹕。起居注漢書，號令文章，煥然可述。洛誥萬邦咸休。易萬國咸寧。盤庚罔有不欽。詩何用不臧（考異五、頁三〇）。

證：閻氏若璩云：

晚出冏命篇，出入起居，罔有不欽，發號施令，罔有不臧，是近臣有興于王之起居命令者，則似太僕所掌，與書序合，命汝作大正正于群僕，又云，爾無昵于憸人充耳目之官，則官高職親，與王同車，又似大馭，非太僕所可當，得毋誤記周禮二官爲一（疏證七、頁四六一）。

簡氏朝亮云：

中庸云，苟不固聰明聖智。詩小宛云，人之齊聖。禮運云，大臣法，小臣廉。易繫辭傳云，其出入以度，古史之記事者，有起居注焉。禮經解云，發號出令。洛誥云，萬邦咸休，此其所襲也（述疏、頁七七一）。

驗之閻氏、簡氏之證，梅氏之辨是也。

惟予一人無良，實賴左右前後有位之士，匡其不及，繩愆糾謬，格其非心，俾克紹先烈。今予命汝作大正，正于群僕侍御之臣。懋乃后德，交修不逮。

辨：梅氏鷟云：

禮記引泰誓曰，惟予小子無良。顧命惟予一人釗報誥。孟子曰，左右前後皆薛居州也。又惟大人爲能格君心之非。楚語引衞武公曰，朝夕以交戒，我史老引武子曰，必交修予無予棄也。賈子曰，選天下之端士，孝弟博聞，有道術者，以衞翼之，左右前後，皆正人也。後文又曰，太傅匡其不及。周官又言有官君子史左準繩。周禮以糾萬民。詩弗念厥紹，宰夫八職，一曰正掌官，法以治要。夏官司馬有大僕，……而正爲之長，周禮大御最長，穆王欲伯冏正于群僕侍御之臣，欲其率下也，懋乃后德者。詩方懋爾惡（考異五、頁三〇）。

證：惠氏棟云：

閻若璩曰，禮記引太誓曰，惟予小子無良。孟子曰，惟大人爲能格心之非。楚語引衞武公曰，朝夕以交戒，我史老引武丁曰，交修予無予棄也。賈子曰，選天下之端士，孝弟博聞，有道術者，以衞翼前後左右，皆正人也。後又曰，太傅匡其不及（尚書考、頁三七三〇）。

又王氏鳴盛尚書後案（頁四八九二）、簡氏朝亮尚書集注述疏（頁七七一）、朱氏駿聲尚書古注便讀（卷四頁二五四）等書證同。驗之惠氏等後儒之證，梅氏之辨是也。

愼簡乃僚，無以巧言令色，便辟側媚，其惟吉士。

辨：梅氏鷟云：

詩及爾同僚。春秋傳同官爲僚。王制簡不帥教者。多方簡畀殷命，又廸簡在王庭。皐陶謨，巧言令色孔壬。論語巧言令色鮮矣仁，又友便辟，洪範人用側頗僻。論語寧媚於竈。立政庶常吉士（考異五、頁三三一）。

證：惠氏棟云：

巧言令色見皐陶謨。便辟側媚，便辟見論語。吉士見詩及立政（尚書考、頁三七三〇）。

又王氏鳴盛尚書後案（頁四八九二）、簡氏朝亮尚書集注述疏（頁七七一）、朱氏駿聲尚書古注便讀（卷四頁二五五）等書證同。驗之惠氏等後儒之證，梅氏之辨是也。

僕臣正，厥后克正；僕臣諛，厥后自聖。后德惟臣，不德惟臣。

辨：梅氏鷟云：

帝歌曰，股肱喜哉，元首起哉。詩具曰，予聖所聞，皆正言，所見皆正事，王誰與爲不善，不然反是（考異五、頁三一）。

自梅氏辨此節之因襲，惟有簡氏朝亮又言之，然二家又異其辨，今補合證之。

補：簡氏朝亮云：

襄四年左傳云，於虞人之箴曰，敢告僕夫，蓋明僕臣之宜正也。孟子云，與讒諂面諛之人居，國欲治可得乎，詩正月云，具曰予聖。詩蕩云，不明爾德，時無背無側，爾德不明，以無陪無卿。此其所襲也（述疏、頁七七一）。

又驗之簡氏之證，簡氏之說較梅氏之辨爲優。

爾無昵于憸人，充耳目之官，廸上以非先王之典。

辨：梅氏鷟云：

立政國則罔有立政用憸人。又繼自今，立政其勿以憸人。泰誓昵比罪人，充耳目之官，不愼簡乃僚也，啓廸在上，以非先王之典，以異端進者也（考異五、頁三一）。

證：閻若璩云：

立政篇，國則罔有，立政用憸人。又云，其勿以憸人。冏命亦曰，爾無昵于憸人，其襲取可勿問矣（疏證七、頁四六三）。

又簡氏朝亮尚書集注述疏（頁七七二）、朱氏駿聲尚書古注便讀（卷四頁二五五）等書證同。驗之閻氏等後儒之證，梅氏之辨是也。

非人其吉，惟貨其吉。若時，瘝厥官，惟爾大弗克祇厥辟，惟予汝辜。

辨：梅氏鷟云：

庶常吉士，見立政。又吉人之辭寡見易繫辭。呂刑曰，惟貨此言不求吉人，而惟求吉貨，誠如是則曠官之刺興矣，大弗克祇者，則漢法大不敬也。酒誥越尹人祇辟，又曰，惟民自速辜，故曰惟予汝辜（考異五、頁三一）。

證：吳氏闓生云：

案非人其吉二句，摹呂刑非佞折獄句法（尚書大義、頁一四七）。

驗之吳氏之證，梅氏之辨是也。然亦有未盡之處，今補證之。

補：王氏鳴盛云：

瘝厥官本康誥瘝厥君（尚書後案、頁四八九三）。

又簡氏朝亮尚書集注述疏（頁七七二）、朱氏駿聲尚書古注便讀（卷四頁二五五）等書證同。補驗之王氏等後儒之證，梅氏之辨可謂備矣。

王曰：嗚呼！欽哉！永弼乃后于彝憲。

辨：梅氏鷟云：

欽哉，正經屢見之，皐陶謨予違汝弼，洛誥汝受命篤弼。大誥我丕丕基。酒誥聰聽祖考之彝訓（考異五、頁三二）。

證：簡氏朝亮云：

堯典言舜命官而終之云，欽哉。釋詁，弼輔義同。釋詁云，彝常也，憲、法也。此其所襲也（述疏、頁七七二）。

驗之簡氏之證，梅氏之辨是也。

【附註】

註　一：郝敬尚書辨解十，頁二。

註　二：皇清經解續編二、尚書古文疏證二、第二十六，頁三〇五。

註　三：皇清經解七、卷四三四中、王光祿尚書後案，頁四八五七。

註　四：皇清經解五、卷三五二、惠徵君古文尚書考，頁三七二五。

註　五：尚書集注述疏，卷末下僞古文，頁七四〇。

註　六：屈萬里尚書釋義，附錄三僞古文尚書，頁一八三。

註　七：古文研究、衞聚賢墨子引書考，頁五三六，民國二十二年，上海商務印書館印行。

註　八：尚書古注便讀、卷四上，頁一一五。

註　九：定本尚書大義，古文僞書考，頁一三二。

註一〇：姚範援鶉堂筆記五，頁一一五。

註一一：孫喬年尚書古文證疑，卷四，頁一四。

註一二：尚書古注便讀、卷四下，頁二四九。

第六節　結　語

考據之學，不外審辨古書之眞僞，示後人之附會或依託，以彰古人之眞迹而已。梅氏之辨僞，先樹立根據，確定理論，然後本著「實事求是」、「無徵不信」確立方法。然事有本源，若博瞻而能貫通，務必詳其始末，參以佐證，以定是非，方可判別眞僞，又喜用旁證，其法客觀。凡稽考辨說，必憑證據，若無證據而以臆度者，在所必去之。選定證據，以古爲尚，以經證經，以今文證古文，可以難一切傳記。孤證不爲定說，得有續證者則信之。隱匿證據，或曲解證據，皆爲不德。梅氏最喜歡羅列事情之同類者，作爲比較之研究，以求得其是非。凡取前賢之說，必明引之，剿他人之說以爲己言，是爲大不德。若與所見不合，則互相辯詰，雖是後學駁難先儒，亦所不避諱，是爲梅氏辨僞學之特色。

梅氏考徵是非，判別眞僞，其法則實已暗合後來胡應麟辨僞書八法，又梁啓超所論辨僞方法，多本胡氏之說，而益加推闡，更爲詳密，其與梅氏之說，尤爲契合，故云梅氏爲辨僞承先啓後者，亦可謂名當言順矣。然從文字之記載，而考覈古人事迹之眞僞，其所徵引多據典籍而外，辨者亦無他法，而論者恒距古人千百年，故必須釆前賢之說，以輔己意，按梅氏所釆前賢之說，漢宋兼用之，但梅氏稍偏重漢儒，有關諸家之說，以近古者爲是，凡事理必申論之，無門戶之見，有明一代之大儒，當之無愧矣。

引用及主要參考書目

壹、辨僞學專著

甲、辨羣書者

朱熹辨僞書語	宋朱　熹	開明書店辨僞叢刊
容齋隨筆	宋洪　邁	商務印書館本
習學記言	宋葉　適	商務印書館四庫本
黃氏日抄	宋黃　震	同右
郡齋讀書志	宋晁公武	廣文書局本
直齋書錄解題	宋陳振孫	同右
古書辨僞四種	明宋　濂	商務印書館人人文庫本
四部正譌	明胡應麟	開明書店辨僞叢刊
古今僞書考	清姚際恒	開明書店辨僞叢刊
四庫全書總目提要	清紀　昀等	藝文印書館本

考信錄（在崔東壁遺書中）　清崔　述　河洛圖書出版社影印本
古書眞僞及其年代　梁啓超　中華書局本
重考古今僞書考　顧　實　民國十五年上海大東書局本
古今僞書考補證　黃雲眉　文海出版社影印本
僞書通考　張心澂　宏業書局本
朱子之辨僞學　錢　穆　三民書局朱子新學案第五冊

乙、專辨一書者

書纂言　元吳　澄　大通書局通志堂經解本
讀書管見　元王充耘　1.同右
2.明刊本
尚書考異（善本）　不著錄人　明韓邦奇書寫本故宮善本
尚書考異（善本）　不題撰人　清四庫全書手抄本故宮善本
尚書考異　明梅　鷟　藝文印書館百部叢書集成平津館叢書本影印
尚書考異　明梅　鷟　立本齋刊本
尚書考異　明梅　鷟　浙江書局本
尚書辨解　明郝　敬　京山郝氏家刻本

尚書古文疏證	清閻若璩	復興書局續皇清經解一
古文尚書考	清惠　棟	復興書局皇清經解五
尚書後案	清王鳴盛	復興書局皇清經解七
晚書訂疑	清程廷祚	復興書局續皇清經解三
尚書考辨（善本）	清不著錄人	手寫本中央圖書館善本（此本與宋鑒尚書考辨同）
尚書考辨	清宋　鑒	山西省文獻會印（中央研究院傅斯年圖書館藏）
尚書考	清李榮陛	嘉慶七年亘古齋藏本
尚書古文證疑	清孫喬年	嘉慶十五年天心閣刊本看雲館珍藏
尚書	清姚　範	廣文書局援鶉堂筆記卷三
尚書古文辨	清朱彝尊	世界書局暴書亭集
書古文尚書考辨後	清張文虎	大華印書館影印在舒藝室雜著
僞古文	清簡朝亮	鼎文書局在尚書集注述疏下
管窺	清平　浩	雜著祕笈叢刊本
尚書古今文管窺（善本）	日朝川鼎	日本嘉永元年活字本中央圖書館善本
尚書大義	唐文治	廣文書局本
尚書古注便讀	朱駿聲	同右

定本尚書大義　吳闓生輯　中華書局本
閻毛古文尚書公案　戴君仁　中華叢書委員會印
僞古文尚書箋注　黃增林　正中書局本

貳、經　部

甲、經學通論

說文解字　漢許　愼　藝文印書館本
經典釋文　唐陸德明　四部叢刊本
四書集注　宋朱　熹　世界書局本
五經說　元熊朋來　四庫全書本
南雍經籍考　明梅　鷟　長沙葉氏校刊
十三經注疏　清阮　元　藝文印書館本
通志堂經解　大通書局本
皇清經解　復興書局本
皇清經解續編　同右
經義雜記　清臧玉林　維新書局本

群經平議　清俞　樾　河洛圖書出版社影印
經學源流考　清甘鵬雲　建新書局本
經學歷史　清皮錫瑞　河洛圖書出版社影印
中國經學史　馬宗霍　商務印書館本
中國經學史　日田成之　廣文書局本
經今古文學　周予同　商務印書館本
兩漢經學今古文平議　錢　穆　東大圖書公司本

乙、尚書專著

尚書正義　唐孔穎達　藝文印書館本
書集傳　宋蔡　沈　世界書局本
尚書表注　元金履祥　大通書局通志堂經解本
尚書集傳纂疏　元陳　櫟　同右
書傳輯錄纂註　元董　鼎　同右
尚書纂傳　元王天與　同右
尚書通考　元黃鎭成　同右
尚書蔡傳旁通　元陳師凱　同右

尚書集義	清李祖望	聯經出版公司明清未刊稿本江南王氏所著書
書說	清王紹蘭	聯經出版公司明清未刊本蕭山王氏所著書
今文尚書考證	清皮錫瑞	藝文印書館本
尚書集注述疏	清簡朝亮	鼎文書局本
尚書今古文注疏	清孫星衍	商務印書館人人文庫本
尚書正讀	曾運乾	華正書局本
尚書新證	于省吾	藝文印書館本
今文尚書正僞	李泰棻	力行書局本
尚書覈詁	楊筠如	學海出版社本
尚書通論	陳夢家	僞上海商務印書館本
尚書釋義	屈萬里	中華文化出版事業社
周書周月篇著成的時代及有關三正問題的研究	黃沛榮	國立台灣大學文史叢刊
文選李善注引尚書考	葉程義	正中書局本

叁、史　部

國語	周左丘明	四部叢刊本
史記	漢司馬遷	藝文印書館本
漢書	漢班固	同右
後漢書	宋范曄	同右
三國志	魏陳壽	同右
漢紀	漢荀悅	商務印書館四部叢刊縮印刊本
後漢紀	晉袁宏	同右
晉書	唐房玄齡	藝文印書館本
隋書	唐魏徵	同右
新唐書	宋宋祁歐陽修	同右
宋史	元脫脫	同右
明史	清張廷玉	同右
史通	唐劉知幾	世界書局本
文史通義	清章學誠	同右
中國考古學史	衞聚賢	商務印書館本
古史研究	衞聚賢	上海商務印書館本

中國近三百年學術史	梁啓超	中華書局本
國史研究法六篇	梁啓超	同右
文史研究方法論	胡　適等	泰華堂書局本
史記志疑	梁玉繩	學生書局本
古史辨	顧頡剛等	民國五十九年明倫出版社重印本
中國近三百年學術史	錢　穆	商務印書館本
中國通史論文選輯		幼獅出版公司本
古史考述	趙鐵寒	正中書局本
史記會注考證	瀧川龜太郎	宏業書局本

肆、子　部

荀子	周荀　況	世界書局新編諸子集成本
墨子	周墨　翟	世界書局排印淸孫詒讓閒詁本
莊子	周莊　周	世界書局本
孔子家語		世界書局本
韓非子	周韓　非	商務印書館國學基本叢書簡編王先愼集解本

老子	周老　聃	新興書局四部集要本
管子	周管　仲	同右
呂氏春秋	秦呂不韋等	四部備要本
論衡	漢王　充	商務印書館四部叢刊縮刊本
淮南子	漢劉　安等	四部備要本
孔叢子	漢孔　鮒	世界書局本
新語	漢陸　賈	漢魏叢書本
新書	漢賈　誼	同右
新序	漢劉　向	同右
說苑	漢劉　向	同右

伍、集　部

楚辭	楚屈　原	世界書局本
朱子大全	宋朱　熹	四部備要本
朱子語類	宋朱　熹	正中書局本
王陽明全書	明王守仁	正中書局本

白沙子全集　明陳獻章　明嘉靖三十年新會縣刊本
甘泉文集　明湛若水　明刊本
曝書亭集　清朱彝尊　世界書局本
觀堂集林　王國維　河洛圖書出版社本
書傭論學集　屈萬里　開明書店本
梅園論學集　戴君仁　同右
梅園論學續集　戴君仁　藝文印書館
高明文輯　高　明　黎明文化事業公司印行
日知錄集釋　清顧炎武　黃汝成集釋　上海錦章圖書局藏版民國十六年冬月印

陸、其　他

翁注困學紀聞　宋王應麟　清翁元圻注　商務印書館人人文庫本
文獻通考　元馬端臨　新興書局歷代經籍考本
宋元學案　明黃宗羲編　世界書局本

明儒學案　清全望祖續成　商務印書館本
癸巳類稿　明黃宗羲　世界書局本
癸巳存稿　清俞正爕　世界書局本
東塾讀書記　清俞正爕　商務印書館人人文庫本
中國方志叢書　清陳　澧　成文書局影印本
旌德縣志　清陳炳德　民國四十四年影印本巾箱本
桐城吳先生日記　清吳汝綸　廣文書局本
清代學術概論　梁啓超　中華書局本
國學研究法三種　梁啓超　中華書局本
漢學商兌　方東樹　廣文書局本
國故論衡　章太炎　廣文書局本
國學略說　章太炎　學藝出版社本
四庫要籍跋大全　國華出版社本
中國學術通義　錢　穆　學生書局本
國學概論　錢　穆　商務印書館人人文庫本

歷代名人年里碑總表　姜亮夫　商務印書館本
歷代帝王年表　世界影印本

柒、論　文

中國古書的眞僞　珂羅倔倫著　陸侃如等譯　國立北平師範大學月刊二期
論考證中國古書眞僞之方法　高本漢著　王靜如譯　中央研究院史語所集刊二本二分
閻若璩胡渭崔述三家辨僞方法之研究　蘇慶彬　新亞書院學術年刊第三期
辨僞書重要著作提要　程元敏　書目季刊二卷三期春季號
重論經今古文學問題　錢玄同　國學季刊第三期
僞古文尚書案反控與再鞫　張蔭麟　燕京學報第五期
閻若璩的考據學　容肇祖　嶺南學報第一卷四期
跋閻百詩尚書古文疏證　錢　穆　國立北平圖書館季刊九卷第二號
尚書的文法及其年代　何定生　中山大學語言歷史研究所週刊五集四九—五一合刊

尚書篇目異同考　魏應麟　中山大學語言歷史研究所週刊九集一〇四期

甘誓考　衞聚賢　輔仁大學文學院人文學報七期

談僞古文尚書　于大成　新生報民國五十七年七月三十日十版

宋人疑經的風氣　屈萬里　大陸雜誌第二十九卷三期

中華學術體系　高　明　孔孟月刊十一卷十二期

從宋明儒學的發展論清代思想　余時英　中國學人二期

史

明代國子監制度　于　登　金陵學報七卷一期

明代國子監制度考略　于　登　金陵學報七卷二期

五百年前南京之國立大學　柳詒徵　學衡十四期

論所謂五等爵　傅斯年　中央研究院史語所集刊二本

西周書文體辨　錢　穆　新亞學報三卷一期

殷亳考辨　施之勉　東方雜誌第三十九卷第四號

古文尚書作者研究　戴君仁　孔孟學報一期

古代苗人考　芮逸夫　大陸雜誌特刊第二輯

甲骨文斷代研究雜例　嚴一萍　中央研究院史語所集刊四種下